바가바드기타의 철학적 이해

A Philosophical Comprehension
on the Bhagavadgītā

이 도서의 국립중앙도서관 출판시도서목록(CIP)은 서지정보유통지원시스템 홈페이지(http://seoji.nl.go.kr)와 국가자료공동목록시스템(http://www.nl.go.kr/kolisnet)에서 이용하실 수 있습니다.(CIP제어번호: CIP2015011991)

바가바드기타의 철학적 이해

A Philosophical Comprehension
on the Bhagavadgītā

김호성 지음

일러두기

- 이 책은 『기타』를 주석한 샹카라와 틸락의 관점을 분석한 논문 5편과 에세이 1편으로 이루어져 있다.
- 샹카라와 틸락이 어떤 방법으로 『기타』를 해석하고 있는지, 또 그 주제를 무엇으로 보고 있는지 제1부와 제2부에 나누어서 실었다. 제1부는 '방법론의 비교'이고, 제2부는 '주제론의 비교'이다.
- 틸락은 샹카라의 해석에 대해서 비판적이고, 나는 샹카라와 틸락의 해석에 대해서 다 비판적이다. 그러므로 이 책에는 세 사람의 『기타』 이해가 함께 제시된다. 말하자면 『바가바드기타 삼가해(三家解)』라 말해서 좋을 것이다.
- 제3부에 수록한 에세이 1편(「나는 왜 아직도 『기타』에 빠져있는가」)을 먼저 읽는 것도 좋으리라 본다. 비록 샹카라와 틸락의 『기타』 이해에 대한 글이 아니므로 제3부에 수록하였으나, 저자인 나 자신에게 『기타』가 어떤 의미를 갖는 텍스트인지, 또 어떤 점에 주안점을 두고서 『기타』를 공부해 왔는지를 먼저 알 수 있을 것이기 때문이다.
- 주 없이 본문만을 읽어도 좋으리라 생각된다. 그렇지만 주(註)까지 확인하실 독자는 매 논문의 말미에서 확인할 수 있을 것이다.
- 본문에서 한자나 범어(산스크리트)는 노출하지 않고서, 괄호 속에 넣었다. 용어는 가능하면 우리말로 번역하여 쓰기로 하였다. 따라서 「찾아 보기」 역시 한글만을 그 대상으로 하였다. 원어 확인은 해당 페이지의 본문을 통해서 확인할 수 있을 것이다.

머리말

힌두교의 성전 『바가바드기타』(이하, 『기타』로 약칭함)에 대한 책을 펴내는 일은 새삼스럽기도 하고 부끄럽기도 하다. 이미 우리나라의 독서계에 등장하여 읽힌 지가 오래 되었고, 원전이나 주석서가 많이 번역되었기 때문이다. 또 해설서나 연구서가 나온 것도 더러 있다. 앞으로도 더 많은 책들이 나올 것으로 전망된다.

이러한 독서계의 사정과 학계의 형편은 다소 다른 것 같다. 『기타』 연구가 붐은 아니기 때문이다. 『기타』를 주요한 연구주제로 삼아서 지속적으로 연구하는 학자는, 적어도 우리 학계의 경우에는 없다. 그러면서도 재미있는 것은, 인도의 철학이나 종교를 연구하는 학자들이라면 누구나 『기타』에 대한 논문 1편 정도는 다 쓰고 있다는 점이다. 어쩌면 『기타』는 그렇게 1편 정도 쓰는 것으로 지나가야 할, 혹은 지나갈 수 있는 '역' 정도로 생각되는 것일까? 내가 경험한 일본의 학계 역시 그러하였다. 그들 역시 '『기타』에 대한 연구는 이미 끝났다'라고 생각하고 있는지도 모르겠다.

그러나 유독, 나는 아직도 『기타』에 붙잡혀 있다. 1992년에 첫 논문을 쓴 이래로 2014년까지 『기타』 관련 논문 21편을 썼다.(그 목록은 이 책의 「부록」 참조.) 그리고 앞으로도 더 쓸 것이고, 써야만 한다. 왜 나는 다른 학자들의 경우와는 다른 것일까?

나는 『기타』를 연구의 대상으로 삼아서, 『기타』에 대해서 '연구'하지는 않기 때문인지도 모르겠다. 그보다는 나의 철학(=자기 철학)을 형성해 감에 있어서 『기타』의 논의들을 하나의 소재로서 활용해 간다. 자주 반추(反芻)하고 있는 철학적 테마들의 상당수는 『기타』에도 고스란히 담겨져 있기 때문이다. 그러므로 나의 철학적 테마들을 놓지 않는 한, 『기타』에 대한 나의 이야기는 끝이 나지 않을 것이다.(이러한 이유에 대한 보다 자세한 입장은 「제3부 에세이」 참조.)

가만히 생각해 보면, 『기타』에 대해서 말했던 많은 주석가들이나 해석자들 역시 그러했던 것은 아닌가 싶다. 이 책에서 내가 조명해 본 샹카라나 틸락과 같은 주석가들 역시 그렇게 자기 철학을 형성해 감에 있어서 『기타』를 마음껏 활용했던 것은 아닌가. 『기타』가 먼저 존재하고 그에 대해서 해석을 해갔다고 하기 보다는, 그들의 해석적 관점(=자기 철학)이 먼저 존재하고 거기에 『기타』를 비추어 보았던 것은 아닌가.

그렇게 한다면, 어쩔 수 없이 텍스트인 『기타』와 그에 대한 해석 사이에는 어떤 틈새가 생길 수밖에 없다. 그 틈새, 곧 차이(差異, 差移)가 내 가슴을 뛰게 한다. 내가 늘 쳐다보는 곳은 바로 그 지점(地點)이다. 그것은 바로 해석의 차이인데, 그런 의미에서 내게 '철학'은 '해석학'일 수밖에 없게 된다. 샹카라가 본 『기타』가 다르고, 틸락이 읽은 『기타』가 다르며, 내가 생각하는 『기타』 역시 다르다. 이러한 '다름'이 비판을 낳는다. 샹카라는 틸락을 비판하고, 나는 샹카라와 틸락 모두를 다 비판한다.(내게 비판이 없는 철학은 철학이 아니다.)

아, 그렇다면 최초의 주석자가 제일 불리하지 않겠는가? 그렇다. 불리할지도 모른다. 그렇지만 그 후대의 비판자들이 누리는 비판할 수 있는 자유 역시 그 선배가 존재했기 때문에 가능하였다. 선배의 불리함은 후배들에게는 부채(負債)가 되는 것이고, 비판을 당하는 것이 또한 선배의 영광이기도 한 것이다. 그렇지만, 누가 알겠는가? 비판하는 후배가 틀리고, 비판당하는 선배들이 옳을지 말이다. 도대체 그 옳고 그름은 누가 정하는가? 텍스트에만 부합하면 그것은 또 옳은 것일까? 만약 그렇다고 한다면, 우리 삶이라는 사회나 역사적 컨텍스트는 또 어떻게 할 것인가? 그것과 유리된 채 하는 철학이 도대체 무슨 의미가 있는 것일까?

이 책은 이러한 질문들 속에서 그 싹을 틔워왔다. 명색이 인도철학 교수이면서 인도철학의 학술서로서는 처녀작(處女作)을 이제서야 펴낸다. 많이 늦었다. 앞으로는 좀더 분발할 생각이다.

일일이 거명하지는 못하지만, 많은 선생님, 선배님, 동학(同學), 후배들의 칭찬과 비판을 기억하고 싶다. 부족한 논문에 대하여 언제나 날카로운 지적을 삼가지 않으셨던 '보이지 않는 눈'(학술지의 심사위원들)의 냉철함은 긴장을 놓지 않게 하는 더없이 좋은 길벗들이었다. 낙담하고 있는 나를 일으켜 세워서, 학술서 출판의 험로(險路)를 다시 걷게 한 것은 동국대 다르마 칼리지 김미숙 교수의 공덕이다. 이 책을 펴내면서, 나는 이 모든 분들의 은혜로 너무나 행복해진다. 깊이 감사드린다.

마지막으로 시장 전망이 거의 없다시피 한 책에 투자를 결정해 주신 '올리브그린' 오종욱 사장님께는, 너무 많이 송구스럽지는 않았으면 좋겠다. 그럭저럭 적자만이라도 면해서, 이런 책을 한 권 더 부탁드릴 수 있다면 정말 좋겠다.

부모를 선택할 수 없는 '전생의 숙업'으로 인하여 대한민국에 태어나서 군인인 된 아들 현욱에게 이 책을 바친다. 군대 생활 내내 지혜와 행위의 온전한 조화를 기대하면서 …….

2015년 4월 1일

물끄러미 남산을 바라보면서

김호성 합장

| 차례 |

제2부 주제론 비교

제3부 에세이

부록

표

제1부 방법론 비교

샹카라의 호교론적 해석학

틸락의 분석적 독서법

| 샹카라의 호교론적 해석학 |

샹카라는 과연 『바가바드기타*Bhagavadgītā*』(이하, 『기타』로 약칭함)를 어떻게 해석하고 있는 것일까? 나는 먼저 방법론이라고 하는 측면에서부터 접근해 가고자 한다. 그것은 방법론과 철학, 해석의 방법과 해석된 내용은 서로 분리할 수 없기 때문이다. 그러므로 방법론에 대한 탐구는 그 자체가 철학, 즉 해석된 내용에 대한 탐구가 된다.

샹카라의 『기타 바쉬야』에 나타난 방법론적 특징은 먼저 주석(註釋, bhāṣya)으로서의 글쓰기라는 점에서 찾을 수 있다. 그런데 틸락에 따르면, 인도의 해석학적 글쓰기 전통에서는 티카(ṭīkā)와 바쉬야를 구분하고 있다고 한다. 티카는 주해라 할 수 있고, 바쉬야는 주석이라 할 수 있다. 이런 기준을 적용한다면, 샹카라의 바쉬야 안에는 티카적 부분과 바쉬야적 부분이 다 포함된다. 특히 논적(論敵)의 주장을 전제하고서 그에 대한 반론을 펼치고 있는 것은 주석적 부분에서 이루어지고 있다.

그런데 샹카라에게는, 이러한 형식적 측면보다도 더욱 특징적인 점이 확인된다. 바로 그 스스로의 자기 철학을 원전 보다 더욱 앞세운다는 점이다. 원전이 갖는 절대적인 권위에 주눅들지 않고서, 그 스스로의 철학을 앞세워서 원전의 의미를 개변하는 데 서슴지 않는다. 이는 철학적 해석학에서 말하는 지평융합과는 다른 것이다. 그를 통하여 샹카라는 자신의 철학을 강고하게 지켜나가고자 한다. 나는 이러한 그의 방법론을 '호교론적 해석학(apologetic Hermeneutics)'이라 부른다. 그런 점에서 샹카라의 해석에서 나는 종파주의적 특징을 보게 되는 것이다.

이 글은 「바가바드기타를 읽는 샹카라의 호교론적 해석학」이라는 제목으로 『인도철학』 제17집(인도철학회, 2004, pp. 155~182)을 통해서 발표되었다. 논지의 변화는 없으나, 다소 수정과 보완, 윤문을 거쳤다.

주요어

샹카라, 바쉬야(주석), 티카(주해), 논파, 차별적 회통론, 근기론, 호교론.

I. 샹카라, 어떻게 읽고 어떻게 썼던가

『기타』는 정통 인도 종교 철학에서 주요한 소의경전(所依經典)의 하나이다. 베단타 학파는 우파니샤드, 『브라마수트라』 그리고 『기타』를 3대 소의경전(prasthāna-trayī)으로 받들고 있다. 이 중에서 『기타』는 세 번째로 헤아려지지만, 대중들로부터 가장 폭넓은 사랑을 받아오고 있다.

거기에는 우파니샤드와 달리 다종(多種)의 텍스트가 있는 것이 아니라 단일하다는 점, 18장 700송으로 구성된 분량이 비교적 적절하다는 점, 『마하바라타』의 전쟁 이야기를 그 배경서사(背景敍事)로 갖고 있다는 점 그리고 대중들의 신앙적 욕구에 부응할 수 있는 믿음의 길(bhakti-yoga)을 역설하고 있다는 점 등의 이유가 있는 것으로 생각된다. 그만큼 정통 인도 종교 철학의 역사 속에서 『기타』가 차지하는 비중이 막대함을 알게 된다.

한편 『기타』는 대중들로부터 받고 있는 폭넓은 사랑만큼이나 해석자/철학자들로부터도 탐구의 대상이 되어 왔다. 그만큼 해석자들이 소속해 있는 종파의 학문 체계[宗學] 속에서 『기타』가 차지하는 비중이 높았음[1]을 반증하는 것이다. 그런 해석자들의 계보 속에서 현존 최고(最古)의 주석을 남기고 있는 것은 바로 불이일원론(Advaita) 베단타 철학을 확립한 샹카라(Śaṅkara, 700~750)이다.

샹카라는 절대정신을 이야기하면서 관념론 철학을 완성한 헤겔(Hegel)이 서양철학사에서 차지하는 것과 같은 위상을 정통 인도 종교 철학사에서 차지하고 있는 것으로 평가된다. 샹카라 역시 브라만/아트만의 일원을 제시하고, 그러한 하나의 원리로 모든 현상 세계, 즉 개인아와 세계까지 설명하려고 했던 것이다.[2] 한편 헤겔 이후의 서양철학사에서는 헤겔에 대한 비판과 극복이라는 방향에서 유물론 철학의 마르크시즘, "실존은 본질에 앞선다"

고 하면서 본질의 추구보다는 실존의 파악으로 눈을 돌린 실존주의/실존철학, 절대정신과 같은 유일불변의 보편을 설정하고 있는 철학을 모두 로고스중심주의(logocentrisme)라고 칭하면서 그 해체를 주장한 데리다(J. Derrida, 1930~2004)의 해체주의 철학 등이 출현하여 각기 백화제방(百花齊放)하였다.

그러한 경향은 인도에서도 유사하게 전개된다. 베단타 학파 외에 이원론을 주장한 상키야 학파의 존재가 있음은 차치하더라도, 그 동일한 베단타 학파 안에서도 샹카라의 불이일원론 베단타 학파를 비판하는 움직임들이 이어졌다. 라마누자(Rāmānuja, 1017~1137)는 신과 인간의 절대적 동일성을 부정하면서 동일성도 있지만 차이성 역시 있다고 하는 한정적 불이일원론(Viśiṣṭādvaita)을 주장하였고, 마드와(Madhva, 1199~1276)는 신과 인간 사이에는 차이성만이 인정된다고 보는 이원론(Dvaita)의 베단타를 제시하였다.[3] 절대적 동일성을 주장하는 샹카라가 "내가 곧 브라만이다"라는 우파니샤드의 대격언을 깨닫는/아는 것으로서 해탈을 삼는 지혜의 길(jñāna-yoga)을 정통으로 확립함에 대하여, 라마누자와 마드와는 공히 신과 인간 사이의 차이성을 인정하고 있으므로, 비록 정도의 차이는 있더라도 신에 대한 믿음의 길이라고 하는 수행법을 통해서 해탈코자 하였다.

한편 샹카라에 대한 비판과 극복을 시도하는 또 하나의 흐름은 근대 인도라고 하는 역사적 경험[컨텍스트] 속에서 태동된다. 영국 제국주의 지배 하의 인도에서 강력한 행동이 요청되었고, 그러한 맥락 아래에서 『기타』에서 설해진 행위의 길(karma-yoga)이 재조명되기에 이른 것이다. 이러한 흐름의 선구자는 틸락(B. G. Tilak, 1856~1920)이다.

틸락은 행위의 길을 『기타』의 주제로 파악하고 있는 만큼, 지혜의 길을 주제로 보는 샹카라나 믿음의 길을 지혜로 보는 라마누자와 마드와 모두 비판하지 않을 수 없게 된다. 그렇게 『기타』를 읽는 것은 『기타』에 대한 올바른 이해라 볼 수 없었기 때문이다. 종래의 주석들에 대한 틸락의 비판을 살펴봄에 있어서 가장 먼저 대상이 되어야 할 인물은 역시 정통 인도 종교 철학사의 주류로 평가받아온 샹카라이다. 샹카라는 과연 『기타』를 어떻게 이해해 왔던 것일까? 그리고 또한 틸락은 그러한 샹카라의 『기타』 해석을 어떤 점에 초점을 두면서 비판했던 것일까?

이러한 문제의식에서 볼 때, 가장 핵심적인 것은 『기타』에 대한 샹카라의 주제론에 대하여 틸락이 어떻게 비판해 가는가 하는 것일 터이다. 그러나 나는 그렇게 주제론으로 나아가기[4] 전에, 『기타』를 읽음에 있어서 틸락이 활용하고 있는 분석적 독서법과는 다른 방법을 샹카라가 활용하고 있다는 점에 주목해 보고자 한다. 먼저 방법론이나 독서법의 차이는 주제론에 대한 그들의 평가에 각기 중요한 역할을 하고 있는 것으로 생각되기 때문이다. 과연 샹카라는 『기타』를 어떻게 읽고 있으며, 그에 대한 글쓰기를 어떻게 전개하고 있는 것일까? 이제 본론으로 들어가서 살펴보기로 하자.

Ⅱ. 주석으로서의 글쓰기

샹카라와 그에 대한 비판·극복으로서의 『기타』 해석학(Gītā-Hermeneutics)의 역사를 방법론의 관점에서 살펴볼 때, 모든 창의적인 해석자들은 모두 그 나름의 독창적인 방법을 갖고 있었음을 알게 된다. 다른 해석들과는 구분되는 해석을 만들어낸 만큼 그에 어울리는 독창적인 방법론을 갖고 있었던 것이다. 그 중 틸락의 방법론에 대해서는 '분석적 독서법'[5]으로 파악한 바 있다. 그렇다면 틸락을 비롯한 다른 해석자들의 방법론과 구분되는 샹카라 나름의 방법론적 특성을 무엇이라 지칭할 수 있을까?

나는 '호교론적 해석학'(apologetic Hermeneutics)이라 부르고자 하거니와, 그것은 해석의 대상인 원전 보다 해석자의 자기 철학이 더욱 무거워서 원전의 의미를 개변(改變)하는 데까지 나아갔다는 점에서이다. 이에 대해서는 뒤에서 자세히 논의하겠거니와, 그것은 내용/주제와 관련한 해석적 태도의 측면에서이며 형식적인 차원에서는 '주석(bhāṣya)으로서의 글쓰기'라고 하는 점을 주목해야 하다고 본다.

물론 주석으로서의 글쓰기라고 하는 방식은 샹카라만의 특징적인 방법론이라고 할 수는 없다. 한 개론서에서는 인도철학의 일반적 특징으로 그 주석적 특징을 다음과 같이 말하고 있기 때문이다.

> 이런 뜻(聖典의 해석이 곧 철학의 전부라고 하는 뜻 – 인용자)에서 인도의 철학은 종교적이고 또 주석적이다. 그리고 어떤 성전을 어떻게 해석하고 어떻게 주(註)를 다는가, 또는 어떻게 그것을 실천하는가에 따라서 여러 가지 철학적 분파도 생기게 된다. 또 여러 가지 철학적 서적들은 하나하나가 모두 독자적인 학설을 주장하는 그러한 특수한 책이기보다는 오히려 이미 있던 성전이나 경(經, sūtra) 따위에서 이야기된 것을 다시 보장조단(補長助短)하여 그것을 더 자세하게 확충시키든가 그렇지 않으면 더 간단하고 명료하게 요약하든가 하는 이른바 논(論, śāstra), 주(註, ṭīkā), 소(疏, bhāṣya), 찬(讚, stotra) 등의 성격을 지니게도 된다. 이래서 인도철학에서 새로운 학설은 언제나 새로운 주석적 방법에 의하여 이루어지기도 한다.6)

따라서 샹카라만이 주석(bhāṣya)으로서의 글쓰기를 했다고 할 수는 없다. 예컨대 『기타』의 해석자들 중에서도 라마누자는 샹카라와 동일하게 바쉬야를 남기고 있기 때문이다. 그렇지만 주석으로서의 글쓰기라는 특징은 샹카라에게서 보다 현저한 것으로 생각된다. 라마누자의 경우에도 바쉬야를 남기고 있긴 하지만 그의 방법론적 특징은 바쉬야/주석적 글쓰기라는 점에서보다도 과목(科目) 나누기라고 하는 점에서 더 잘 엿볼 수 있기 때문이다.

1. 샹카라의 글쓰기, 바쉬야(주석)

샹카라는 베단타 철학의 3대 소의경전인 우파니샤드[7], 『기타』 그리고 『브라마 수트라』에 대한 주석서를 모두 남기고 있다. 물론 샹카라가 바쉬야만 저술한 것은 아니다. 『우파데샤 사하스리(*Upadeśa Sahasrī*)』와 같이 원전에 대한 주석이라는 형식을 취하지 않은 글쓰기 역시 행했다고는 하지만, 그의 저술활동의 대부분이 선행하는 원전 텍스트에 대한 주석의 형식을 취하고 있다는 사실은 주목할 만하다. 바쉬야, 즉 주석에는 반드시 일차적인 원전의 존재가 요구된다. 이러한 점은 인도철학 일반의 특성으로 평가되는 해석학의 전통에서 우러나온 것[8]이라 볼 수 있다. 그런데 틸락은 이 점을 예민하게 의식하고 있는 것이다. 틸락은 바쉬야의 특징을 주해(ṭīkā)와 대비하면서 다음과 같이 말하고 있다.

> 바쉬야(bhāṣya)와 티카(ṭīkā)가 종종 동의어로 이해되지만 티카는 원전의 순수한 뜻을 설명함으로써 그 안의 단어에 대한 이해를 쉽게 만드는 것을 의미하지만, 바쉬야의 작자는 그것만으로 만족하지 않는다. 그는 전 저술을 비평적으로 또 논리적으로 조사하고, 그의 의견에 따르면 그것의 의미가 무엇인지 또 그러한 저술이 원전의 취지와 어떻게 일치되게 해석될 수 있는지를 설명한다. 그것이 『기타』에 대한 샹카라 바쉬야의 성격이다.[9]

틸락은 지금 바쉬야와 티카의 의미를 대비하면서, 샹카라는 티카가 아니라 바쉬야를 지었다고 말하고 있는 것이다. 앞서 원의범은 ṭīkā를 주(註)로 옮겼고 bhāṣya를 소(疏)로 옮겼는데, 다소 그같은 뉘앙스가 담겨있는 것으로 판단된다. 틸락이 전하는 바와 같이, 티카가 "원전의 순수한 뜻을 설명함으로써 그 안의 단어에 대한 이해를 쉽게 하는 것"이라고 한다면 주해라고 해도 크게 틀리지는 않을 것이다.

하여튼 티카의 작자는 원전의 순수한 뜻을 설명하여 드러내는 것이 목적이다. 그러한 양식의 글쓰기에서는 티카 작자의 목소리가 개입되기 어렵게 되어 있다. 저자/텍스트의 의도의 복원/재구성이 그 목적이라 할 것이다. 해석자에 따라서는 이러한 작업만으로 만족하지 못하는 경우가 있다. 단어의 의미에 대한 천착이라고 하더라도 그것을 저술 전체의 맥락(context)과 연결시키면서 그 텍스트의 의미가 무엇인지를 제시하고자 하는 보다 적극적인 해석 태도가 요구되는 까닭이다. 그리고 그것이 바쉬야라는 글쓰기를 요구하게 된다. 즉 티카와 바쉬야의 가장 큰 차이점은 바쉬야 안에는 바쉬야 작자의 의견이 적극적으로 투영된다는 것에 있는 것으로 보인다.

티카가 저자의 의도를 재구성/복원해 가는 '쉴라이에르마허(Scheiermacher, 1768~1834) → 딜타이(W. Dilthey, 1833~1911)'류의 해석학적 방법이라고 한다면, 바쉬야라는 글쓰기의 형식은 저자/텍스트의 의도와 해석자의 해석이라는 두 지평(地平)의 융합이 가능하다는 점에서 '하이데거(M. Heidegger, 1889~1976) → 가다머(H. G. Gadamer, 1900~2002)'사제(師弟)에 의한 철학적 해석학의 방법에 부합하는 것으로 보인다.[10)]

만약, 샹카라가 선택한 바쉬야라는 글쓰기가 철학적 해석학이 지향하고 있는 방법론에 부합될 수 있다고 한다면, 샹카라의 해석학을 철학적 해석학에 부합하는 것으로 볼 수 있을까? 틸락은 "원전의 취지와 일치되게 해석하는 것"이 바쉬야라고 말했다. 이러한 틸락의 정의는 텍스트의 지평과 해석자의 지평의 일치를 의미하는 것처럼 보인다. 틸락이 정의한 바쉬야의 글쓰기는 '딜타이 → 쉴라이에르마허'의 해석학에 다소 근접하고 있는 것으로 평가된다. 그런데 동일한 바쉬야를 쓰면서도 샹카라는 틸락이 말한 것보다는 훨씬 더 가다머의 철학적 해석학에 가까운 것으로 생각된다. 그가 그 자신의 해석학적 관점/자기 철학[11]을 굳건히 갖고 있기 때문이다. 여기서 나는 샹카라가 갖고 있는 방법론적 특수성을 볼 수 있는 것으로 생각하고 있거니와, 이에 대해서는 다시 논의하게 될 것이다.

2. 티카(주해)적 요소

그에 앞서, 나는 틸락의 지적과는 달리 샹카라의 글쓰기에 있어서 티카적 요소 역시 나타나고 있음에 주목하고자 한다. 예컨대 『기타』에 대한 라마누자의 바쉬야에서는 볼 수 없는 티카적 요소가 내포되어 있는 것으로 생각된다. 실제 샹카라 바쉬야의 한 특징은 그 안에 단어 하나하나에 대한 설명/티카적 부분과 해의(解義)/바쉬야 부분이 함께 존재한다는 점에 있다. 예를 들어 『기타』 3 : 5의 원문은 다음과 같다.

> na hi kaścit kṣaṇam api jātu tiṣṭhaty akarma-kṛt,
> kāryate hy avaśaḥ karma sarvaḥ prakṛti-jair guṇaiḥ.

이러한 원문에 대해서, 샹카라는 먼저 원문에 나오는 단어의 의미를 간략히 주해해 간다. 그 부분은 다음과 같다. 이탤릭체 부분이 원문이며 나머지 부분은 원문의 단어에 대한 설명을 지시하는 부분이다.

> *na hi* iti // *na hi* yasmāt *kṣaṇamapi kālaṃ jātu* kadācit kaścit *tiṣṭhāti*

akarmakṛt san kasmāt? *kāryate* pravartyate *hi* yasmāt *avaśaḥ* eva asvatantraḥ eva *karma sarvaḥ* prāṇī *prakṛtijaiḥ* prakṛtitaḥ jātaiḥ sattvarajastamobhiḥ *guṇaiḥ*[12)]

나는 바로 이러한 부분을 티카적 요소로 이해하고 있거니와, 현재 샹카라의 『기타』 주석을 영역한 학자들 중 A. G. Krishna Warrier는 이러한 특성을 명확하게 살리지 못하고 있다.[13)] 그저 샹카라가 원문을 한번 더 쓴 것(rewriting)처럼 옮기고 있을 뿐이기 때문이다. 그러나 S. Gambhīrānanda의 경우에는 보다 분명하게 주해적 부분을 구분해 놓고 있다. S. Gambhīrānanda의 경우가 보다 샹카라의 의도에 부합되는 것처럼 보인다. 다음은 『기타』 3 : 5에 해당하는 샹카라의 주석 중 티카적 요소라 할 만한 부분인데, S. Gambhīrānanda의 영역으로부터 다시 옮겨보기로 한다.

hi, 왜냐하면 ; na kaścit, 아무도 없다 ; jātu, ever ; tiṣṭhati, 머물다(remains) ; api, ~조차도 ; 그렇게 많은 시간을 kṣaṇam(순간) 동안 ; sarvaḥ, 모든 존재들(creature) ; kāryate karma, 행하도록 되어 있다. 진실로 avaśaḥ, 충동 아래 ; gunaiḥ, 속성들 …… sattva(淨性), rajas(動性) 그리고 tamas(정신적 어둠) …… 에 의해서 ; prakṛti–jaiḥ, 근본원질(Nature)에서 태어난.[14)]

S. Gambhīrānanda에 의해서 다소 편집이 가해지긴 했으나, 샹카라의 바쉬야에 티카적 요소가 포함되어 있음을 알기에는 전혀 어려움이 없다. 그의 번역 방식을 선호해야 할 이유가 될는지도 모른다. 그렇다고 해서 이러한 티카 부분이 샹카라 주석에서의 주된 부분은 아니다. 오히려 바쉬야적 요소가 잘 드러나 있는 데서 그의 『기타』 해석의 진면목을 엿볼 수 있다. 바로 그런 점에서 티카와 바쉬야를 구분한 뒤, 샹카라의 글쓰기를 바쉬야의 글쓰기로

귀속시킨 틸락의 평가는 타당하다. 만약 샹카라의 주석이 단어의 의미를 좀 더 명확히 설명하면서 다시 쓰는 것으로 끝난다면, 그는 바쉬야가 아니라 티카를 지었다고 해야 할 것이고 인도철학사에서 그의 위상은 그렇게 높지 않았을지도 모른다.

그러나 샹카라는 단어 설명으로서의 티카와 같은 부분은 예비적 고찰로 생각한 듯, 보다 본격적인 의견 개진을 주저 하지 않는다. 그러한 부분이 바쉬야의 본령이 되는 부분이라 생각된다. 앞에서 예로 든 『기타』 3 : 5의 경우에는 위의 티카적 부분에 이어서 바로 다음과 같은 자신의 의견이 제시되어 있다.

> "속성들에 의해서 동요되지 않는다"(14 : 23)라고 말해지고 있기 때문에, '지혜가 없는 자(ajñaḥ)'라고 하는 말이 보충되어야 한다. 지혜가 있는 자들에게는 다른 원인으로부터(3 : 3) [완성이 있게 되므로], 실로 행위의 길은 지혜가 없는 자들에게만 해당되며, 지혜가 있는 자들에게는 타당하지 않다. 지혜가 있는 자들은 자발적으로 속성들에 의해서 동요되지 않으며, 동요가 없으므로 행위의 길은 적절하지 않다. 또한 그렇게 "불멸하는 것으로 안 자는" 이라고 설명된다.[15)]

이러한 샹카라의 언급은 매우 중차대한 의미가 내포되어 있는데, 그에 대해서는 다시 후술하게 될 것이다. 여기서는 다만 앞서 제시했던 티카적 부분보다 이와같은 바쉬야적 부분에서 샹카라의 자기 철학이 더욱 명확히 제시되어 있음을 지적하는 것으로 만족하고자 한다. 따라서 샹카라의 바쉬야에서는 이러한 부분이야말로 그의 바쉬야를 주석으로서 살려가는 보다 중추적인 부분으로 평가할 수 있기 때문이다. 그만큼 주석으로서의 글쓰기라는 것이 정통 인도철학사에 있어서 보편적 방법론이면서도, 샹카라에게서 더욱 특수한 의미를 갖는 것으로 볼 수 있게 하는 부분이다.

3. 논파(論破)[16)]의 방법

샹카라의 바쉬야에서 주해적 요소보다 주석적 부분이 더욱 중심적이라고 생각할 수 있게 하는 또 하나의 방법론적 특징이 있음을 주목해야 한다. 본송의 주해 부분 이후에 주석을 가할 때에도 짧은 경우에는 그 스스로의 입장만 직설(直說)하고 말지만, 보다 논리적으로 자기 입장을 개진할 필요가 있을 때에는 반론자(pūrvapakṣa, objection)와 주장자/재반론자(uttarapakṣa, siddhānta, Vedāntin)의 문답/토론의 형식을 취하게 된다. 물론 이러한 대화적 방법 역시 샹카라에게서만 확인되는 고유의 것은 아니다. 오히려 인도철학의 전통적 방식이라 할 수 있는데, 이러한 전통에 대하여 R. Puligandla는 다음과 같이 말하고 있다.

> 인도철학자의 작업방식은 세 단계로 이루어진다. 첫째는 상대방의 견해 pūrvapakṣa로서, 철학자는 그의 논적의 입장을 논증arguement과 더불어 제시해 준다. 두 번째는 논박khaṇḍana로서, 철학자는 논적의 입장을 논리적으로 비판하고 논증에 의해 반박하는 것이다. 마지막으로 논자의 입장을 uttarapakṣa로서, 그는 자신의 입장을 논증과 더불어 제시한다. 이 마지막 단계는 또한 결론siddhānta이라고도 한다.[17)]

이 세 가지 단계 중에서 둘째는 상대의 허물을 깨뜨리는 것[破邪]이며, 셋째는 자신의 올바른 의견을 제시[顯正]하는 것이다. 그렇지만 이 둘을 하나로 합하게 되면, 반론자와 주장자/재반론자의 대립구도가 선명[18)]해 진다. 이때 샹카라 자신의 입장이 베단타 학파의 그것임은 두말 할 나위없다. 이렇게 반론자를 전제하고 그에 대한 재반론을 행하는 방법론은 샹카라와 같이 그 이전의 철학적 관점을 비평하고 자기 철학을 굳건히 확립하려고 하는 호교론적(apologetic) 의식이 강한 철학자에게는 매우 적절했던 것이다. 후대에 틸락이 전통적 해석에 대한 비판을 통하여 자기의 해석학적 관점을 선양하고자 했던 것과 마찬가지 태도를 샹카라 역시 갖고 있었음을 알게 한다.

다만 틸락의 과제는 『기타』를 해탈도를 설한 텍스트로 보는 전통적 해석을 비판하고 행위의 길을 설하는 텍스트로 그 위상을 다시 설정하고자 함에 있었으나, 샹카라는 오히려 그 반대로 그 이전에 존재하던 지행회통(jñāna-karma/kriya-samuccaya)을 비판하였다. 그럼으로써 수행자로 하여금 행위의 길에 머뭇거리지 않고 브라마를 깨달음으로써 해탈에 직입(直入)토록 하는 이론의 정립을 그의 사명으로 삼았던 것이다.

틸락과 샹카라, 그들의 입장은 상반되지만 철학사에 있어서의 역할은 유사한 바[19] 있다 하겠다. 모두 그 이전 철학에 대한 비판을 통해서 자기 철학을 세웠기 때문이다. 아니, 샹카라는 그가 갖고 있었던 자기 철학을 전개해 감에 있어서 주해(티카) 부분으로는 결코 다 채울 수 없었던 갈증을 주석(바쉬야) 부분 속에서 활발한 비판과 토론을 전개함으로써 자기 철학을 『기타』 해석에 투영시켰으며, 그것을 더욱 옹호해 갔다고 할 수 있으리라.

Ⅲ. 원전에 앞서는 자기 철학의 무거움

1. 샹카라의 차별적 회통론

샹카라의 글쓰기에 있어서 주해(註解, ṭīkā)적 요소와 주석(註釋, bhāṣya)적 요소가 함께 공존하고 있다는 점에서 그의 해석학을 어떻게 평가해야 할 것인가 하는 문제점이 대두된다. 그의 주석 안에 주해적 요소를 갖고 있다는 점을 생각하면 분석적 독서법의 측면 역시 존재하고 있기 때문이다. 그러나 그것만이라 할 수는 없다. 기본적으로 그의 중점은 주석적 부분에 놓여있기 때문이다. 그의 자기 철학은 주해적 부분에서 나타나는 것이 아니라 주해가 끝난 뒤의 주석적 부분이나 그 속에서 행해지는 문답 형식의 토론 등[20]에서 더욱 확실하게 제시된다.

앞서 우리는 원전에 나타난 단어의 의미에 대한 천착을 위주로 하는 티카의 글쓰기를 원전에 대한 분석적 독서법의 사례로서 이야기하였다. 이 경우에는 원전을 펼쳐놓고, 그것을 받들어 모시면서 해석자는 어떻게 하면 원전의 언어에 자신의 이해를 맞추어 갈 것인가 하는 점을 고민하게 된다. 여기에는 원전이 곧 진리라고 하는 해석자들의 원전관[21]이 놓여있다. 샹카라 역시 그가 주석한 텍스트들을 언제나 그의 눈 앞에 정중하게 펼쳐놓고 주석을 행해가면서도, 주해의 작자와는 달리 원전의 무거움/구속성에 그다지 짓눌리지 않는다. 원전에 대한 샹카라의 이러한 태도는 해석학적으로 매우 깊은 의미가 있을 뿐만 아니라 그의 해석을 다른 해석자들의 그것과는 차별화할 수 있었던 주요한 요인이었다.

베단타와 미망사에서 그들의 해석대상이 되고 있던 원전/베다는 사람이나 신에 의한 인위적인 저작이 아니라 그 자체가 영원한 진리로서 존재하고 있는 것으로 본다. 이른바 비작자성(非作者性, apauruṣeyatvā)의 이론에 입각하고 있는 것이다. 그런 까닭에 당연히 베다에는 어떠한 오류도 없다고 본다. 샹카라의 우파니샤드 바쉬야를 연구한 G. R. Pandey는 샹카라에게 있어서 "우파니샤드는 계시된 텍스트(apauruṣeyatvāśrutis)였기에 그들 안에서 모순이나 이질적이라 할만한 어떤 장면을 발견하지 못한다"[22]고 말하였다. 그렇다고 한다면 그는 행복한 조화 속에 놓여있었던 것으로 생각해 볼 수 있다.

그러나 과연 그러했던가? 그렇지 않다. 거기에는 '비작자성 = 무오류 = 진리'라고 하는 전제를 받아들이면서도, 바로 그렇기에 생길 수밖에 없는 내적 투쟁이 가열차게 전개된다. 원전의 무거움만큼이나, 아니 그 이상으로 그는 그 자신이 갖고 있는 자기 철학을 고수해야 되기 때문이었다. 이것이 바로 샹카라 해석학의 중심문제라고 해서 좋을 것이다. 그가 처한 이러한 입장을 삼단논법으로 정리하면 다음과 같이 된다.

베다는 신이나 사람에 의해서 지어진 것이 아니다.
신이나 사람에 의해서 지어진 것이 아니므로 모순이나 이질적인 것이 없다.
그런데 실제 그 사이에는 모순이나 이질적인 것처럼 보이는 것들도 나타난다. 그런 까닭에 이를 조화롭게 할 새로운 해석이 요청된다.

실제 우파니샤드 안에는 다양한 성격의 가르침이 제시되어 있는데, 샹카라는 이를 모순적인 것으로 보지 아니하고 모두가 계시된 텍스트이므로 오류가 없다고 본다. 그렇기에 서로 모순되는 듯이 보이는 내용들을 조화롭게 해야 할 필요가 있었다. 여기서 그들 상호간에 회통이 요구된다.

'회통'이라는 말은 불교해석학의 술어이지만, 나는 그것이 하나의 보편적인 사유양식/방법을 나타내는 개념으로 파악한다. 상호모순되는 것처럼 보이지만 사실 그렇지 않고 조화되어 있음을 드러내는 설명방식을 회통(會通)이라 부른다. 이렇게 모순의 해소를 위한 회통 개념과 가장 근사한 개념을 인도철학/산스크리트 안에서 찾아보면 samuccaya가 있다. 예컨대, 지혜[知]와 행위[行]의 양자를 함께 닦는 것[兼修]을 jñāna-karma-samuccaya(知行會通/知行兼修)[23]라고 말한다. 이러한 사고를 인도철학에서 볼 수 있는 회통론(samuccayavāda)이라 할 수 있는데, 샹카라는 그 이전에 존재했던 지행회통론을 비판하는 입장에 서있다. 지혜 하나만으로 해탈이 가능하다는 지혜일원론(知慧一元論)의 입장을 주장하고 있기 때문이다.

그런 점에서 샹카라는 엄밀하게 말하면 회통론자가 아니라 해야 할 지도 모른다. 그렇다고 해서 그가 회통을 방법론으로 활용하지 않는 것은 아니다. 그 역시 양자의 조화를 도모했다. 다만 문제는 회통하는 대상이 되는 양자를 평등하게 회통하지 않고, 양자 중 어느 하나를 종속적으로 평가하고 그것을 다른 어느 하나(주된 것) 속으로 포섭/귀일(歸一)시키는 방향에서 회통하고 만다는 점이었다. 여기서 우리는 회통론 안에도 두 가지 서로 다른 차원이 존재하고 있음을 알게 된다. 평등적 회통론과 차별적 회통론이 그것인데, 샹카라의 회통론은 차별적 회통론[24]이었다. 그런 점에서 샹카라의 회통론은 양자를 모두 긍정함으로써 회통을 도모[25]한 원효나 오로빈도의 평등적 회통론과는 차이가 있었다.

2. 원전을 해체하는 주석

샹카라의 해석학에서 가장 놀라운 점은, 샹카라는 원전 텍스트 속으로 들어가서 원전이 하는 말에 귀를 기울이기 보다는 자기 자신의 철학적/해석학적 입장을 굳건히 갖고서 원전을 해체하고, 거기에 스스로의 해석을 부여하여 원전의 의미를 새롭게 제시한다.

이제 구체적인 사례를 하나 들어보기로 하자. 『기타』 3 : 5에 대한 그의 주석을 살펴보기로 하자. 앞서 인용한 바 있으나, 우리의 논의 전개를 위하여 필요하므로 게송의 번역과 그에 대한 샹카라의 주석을 다시 한번 제시키로 한다.

실로 한 순간도 행위를 하지 않은 자는

일찍이 존재하지 않았다.
왜냐하면 자기 의지를 갖고 있는 사람은 누구나
물질적 본성에서 태어난 속성들에 의해서 행위하도록 되어 있기 때문이다.[26)]

"속성들에 의해서 동요되지 않는다"(14 : 23)라고 말해지고 있기 때문에, '지혜가 없는 자(ajñaḥ)'라고 하는 말이 보충되어야 한다. 지혜가 있는 자들에게는 다른 원인으로부터(3 : 3) [완성이 있게 되므로], 실로 행위의 길은 지혜가 없는 자들에게만 해당되며, 지혜가 있는 자들에게는 타당하지 않다. 지혜가 있는 자들은 자발적으로 속성들에 의해서 동요되지 않으며, 동요가 없으므로 행위의 길은 적절하지 않다. 또한 그렇게 "불멸하는 것으로 안 자는"이라고 설명된다.[27)]

지혜의 길 하나면 해탈을 이룰 수 있다고 보는 그의 자기 철학과 배치될 수 있는 구절을 샹카라는 지금 눈앞에 두고 있다. 3 : 5의 문면(文面)은 행위의 길을 강조하고 있음이 사실이기 때문이다. 원전을 존중한다면 자기 철학을 수정해야 하는데, 그의 자기 철학 역시 나름대로는 원전인 베다로부터 가져온 것인 만큼 샹카라는 그 길을 택하지 못한다. 따라서 이들 둘을 모두 원전의 언어로서 존중하면서 회통하는 방식을 찾아야 한다. 어떻게 그것이 가능할 것인가?

여기서 샹카라가 취하는 방식은 근기론(根機論)에 입각하는 것이다. 그러한 가르침은 제각기 다른 근기의 사람들에게 부여되어 있으므로 모순이 없이 조화를 이룰 수 있다고 보는 것이다. 실제 다양한 근기의 사람들이 있고, 그들 스스로가 근기에 맞게 가르침을 선택할 수 있다는 점에 대해서는 나 역시 동의하는 바이다. 그런 점에서 "근기를 고려하여 가르침을 설한다(隨機說法)"거나, 근기를 고려하면서 수행법을 선택한다는 것은 문제가 없다. 하지만 특정한 수행법을 특정한 근기의 사람들에게 배정[28]시키는 것은 주의할 필요가 있다. 특히 스승이 제자에게 그렇게 할 경우, 자칫 제자의 근기를 고정화해 버리는 우(愚)[29]를 범할 수 있다.

지금 샹카라의 경우 행위를 해야 한다는 행위의 길은 지혜의 길을 따르는 사람들보다 낮은 근기의 사람들이 행하는 것이라 판정하고, 행위의 길은 사실 "지혜가 없는 자"를 위한 방편(方便)으로서 제시되어 있음에 지나지 않는다는 논리를 펼치고 있다. 이렇게 근기론은 샹카라에게 있어서는 양자의 공존을 인정하는 평등적 회통론을 이룩하는 도구로서 기능하는 것이 아니다. 오히려 차별적 회통론 정립에 이바지하는 것으로 활용되고 있다.[30]

다시 『기타』 3 : 5의 의미가 과연 샹카라의 해석과 같은 의미인지를 살펴볼 필요가 있을 것이다. 3 : 5는 분명히 행위는 모든 사람이 해야 할 것이라는 점을 설하고 있다. 본송에서는 "누구라도(kaścit)", 혹은 "모든 사람은(sarvaḥ)"이라고 함으로써 누구나, 즉 깨달음을 얻은 지혜인(知慧人)마저도 행위를 해야 한다고 말하기 때문이다. 샹카라가 주장하는 것과 같이 "지혜가 없는 자"를 위해서 그러한 행위의 길이 강조되는 것이 아니다. 오히려 행위의 길은 모든 사람이 다 행해야 할 것이며, 오히려 깨달은 자라고 해서 행위를 하지 않아서는 안 된다는 점을 특별히 강조하고 있는 것으로 판단된다. 이런 까닭에 T. G. Mainkar는 "샹카라는 명백히 그 자신의 견해를 유지할 목적으로 단어를 보통의 방식으로 해석하지 않았던 것이다"[31]라고 말하고 있다.

『기타』 3 : 5를 샹카라와 같이 해석해서는 안 된다는 또 하나의 증거로서 문맥(context)에 대한 고려를 들 수 있다. 『기타』 3 : 3에서는 "사색적인 [사람들의 완성]은 지혜의 요가에 의해서이며, 요가행자들[의 완성]은 행위의 요가에 의해서이다"[32]라고 말하고 있고, 3 : 4에서는 "행위를 하지 않음으로써 조직되지 않는 행위[無爲]에 도달하는 것이 아님"[33]을 말한다. 즉 무위의 경지를 지혜라고 볼 때, 그러한 지혜를 얻기 위해서라도 행위를 해야 한다고 말한다. 그런 뒤에 3 : 5가 나오는데, 여기서는 그러한 행위는 인간이라면 피할 수 없음을 말한다. 왜냐하면 그것은 물질적 본성으로부터 나온 속성들에 의해서 이루어지기 때문이다. 문제는 여기에 있다. 물질적 본성에 의해서 생긴 속성들에 의해서 행위가 이루어지는 것이라고 한다면, 그것은 지혜를 얻지 못한 사람들에게나 해당되는 것인 아닌가 하는 의문이 제기될 수 있기 때문이다. 샹카라의 해석은 이와같은 생각에 근거하고 있는 것으로 보인다. 왜냐하면 진정으로 깨달은 사람에게는 그러한 물질적 본성에 의해서 생긴 속성들의 작용이 없어야 하는 것으로 생각할 수 있기 때문이다. 그러나 그것은 그렇지 않다. 깨달은 사람도 사람인 이상 물질적 본성에 의해서 생긴 속성들의 작용이 없지는 않다. 『기타』 3 : 33은 이렇게 말하고 있는 것이다.

지혜로운 자들 역시
스스로의 물질적 본성에 부합하게 움직이며,
존재들은 물질적 본성을 향해서 움직이니,
억제가 무엇을 하리오?[34)]

다만 깨달은 사람의 경우에는 물질적 본성에 의해서 생긴 속성들이 존재를 부리는 것이 아니라 존재가 물질적 본성에 의해서 생긴 속성들의 활동을 관조하면서 부합해 가는 것이다. 부리느냐 부림을 당하느냐의 차이다. 샹카라가 인용한 바 있는 14 : 23 역시 그같은 취지에 다름 아니다. 『기타』 14 : 23에서 말하는 "속성들에 의해서 동요되지 않는 자"[35)]라고 하는 것은, 그들에게 속성들의 작용이 없기 때문이 아니라 속성들의 작용이 있음에도 불구하고, 그러한 속성들의 작용과 행위 사이에 어떤 인위적 개입이나 물질적 억압

이 일어나지 않는다는 것이다. 아주 자연스럽게 행위가 이루어짐을 말하는 것이다. 실제로 3 : 5에서 'avaśaḥ'라는 단어에는 서로 상반되는 두 가지 뜻[36]이 다 존재하는데, 나는 많은 해석자들[37]과는 달리, 그 의미를 "행위하고 싶지 않은데 행위하지 않을 수 없는, 뭔가 강제적인"것으로 이해하지 않는다. 오히려 그러한 행위들이 너무나 자연스럽게 일어나기 때문에 모든 사람들, 심지어는 깨달은 사람들조차도 그렇게 '저절로'일어나는 행위를 하도록 되어 있다는 의미로 본다.

샹카라가 『기타』 3 : 5에 대한 주석에서 "지혜가 없는 자"라는 말을 덧보태어서 그 행위가 필요한 사람들을 깨닫지 못한 자들, 즉 범부(凡夫)들로 한정하고자 했던 시도 그 자체는 그 게송의 의미가 샹카라의 해석과는 다른 입장이었음을 반증하는 것이다. 이렇게 그는 원전을 그대로 존중하면서 자기 철학을 제시하려고 했다기 보다는, 자기 철학의 제시를 위한 관점에서 원전의 의미를 제한했기 때문에 T. G. Mainkar는 "[3 : 5에 대한 - 인용자] 그의 설명은 직접적으로 그 장 자체와 모순되게 된다"[38]고 지적하였던 것이다. 틸락 역시 샹카라의 해석학적 방법론에 대하여 비판없이 지나치지 않는다. 다음과 같이 비판하고 있는 것이다.

> 그러나 베다의 카르마 요가에 대한 이러한 교설(정신적 지혜를 얻고나서도 평생토록 그에게 주어진 의무들을 계속 행해야 한다는 것 – 인용자)은 샹카라차리야에게는 구미(口味)에 맞지 않는 것이었다. 그래서 그는 Bhāṣya를 시작하면서, 그 서론에서, 그러한 의견을 거부하고 『기타』의 비밀한 교훈(moral)이 무엇인지는 그 자신에게 따른다는 점을 설명하려는 유일한 의도에서 바쉬야를 썼음을 분명히 언급하고 있다.[39]

그렇다면 이러한 샹카라의 해석학적 태도를 무엇이라 이름할 수 있을까? 이상 살펴본 바와 같이, 샹카라는 그 스스로가 갖고 있는 자기 철학을 해석학적 선이해(hermeneutical pre-understanding)로 활용하여 적극적으로 텍스트를 해석해 가고 있음을 알 수 있다. 이런 점에서 그의 해석학적 입장은 텍스트의 의도나 저자의 의도를 복원하는 것과는 다르고 오히려 철학적 해석학과 가깝다고 생각된다. 그러나 문제는 그에게 있어서의 해석은 가다머의 철학적 해석학이 강조하는 것과 같이 독자/해석자의 지평과 텍스트/원전의 지평의 융합[지평융합]을 추구하지 않는다. 오히려 해석자의 지평에 의하여 원전의 텍스트를 개변(改變)[40]하거나, 의미를 한정하고 있다는 점에서 "샹카라, 그는 언제나 그의 입장을 옹호하는 데 예민하였으므로 가르침의 정신을 따르지 않았다"[41]고 하는 평가를 듣게 된다. 그런 점에서 나는 그의 해석학적 태도를 호교론적 해석학(apologetic Hermeneutics)으로 평가하는 것이다.

호교론에도 두 가지 차원이 있다. 성언량(聖言量, śabda, śruti-prāmāṇya)을 인정할 수밖에 없기 때문에 원전의 무거움으로부터 벗어날 수 없다고 하는 점을 생각할 때 어쩔 수 없이 호교론일 수밖에 없다는 인도철학[과 불교학]의 숙명을, 나는 미세한 호교론(śukṣma apologetics)이라 부른다. 그러나 미세한 호교론에 머물지 않고 자기의 입장을 강화하기 위해서 합리적이지 않은 논리를 강요하는 태도를 거친 호교론(sthūla apologetics)이라고 불러서 양자를 구별한다.[42] 원전의 존재로부터 철학적 작업을 수행해 갈 수밖에 없다는 점에서 본질적으로 인도철학[이나 불교학]이 미세한 호교론이라는 점은 역으로 인도철학[이나 불교학]이 성립할 수 있는 가능성의 조건이자 근거이기도 하다. 그렇지만 거친 호교론만은 벗어나는 것이 바람직한 것으로 나는 생각하고 있다.

샹카라의 경우 자기 철학과 원전의 의미/지평 사이에 조화/지평융합을 도모하는 것이 아니라 자기 철학의 입장에서 원전의 의미를 개변하고 있다는 점에서 자기 철학을 거칠게 옹호한 것으로 보고자 한다. 그런 까닭에 『기타』를 읽는 그의 방법론을 '호교론적 해석학'이라 부르는 것이다.

미세한 호교론자가 아니라 거친 호교론자이고 평등적 회통론자가 아니라 차별적 회통론자의 입장에 서있다고 하는 점에서 과연 샹카라를 회통론자로 볼 수 있는가 하는 문제가 제기된다. 실제로 틸락은 샹카라의 방법이 종파적(doctrinal)이었던 것[43]으로 생각하였다. 그렇다. 차별적 회통론은 종파주의적이며, 엄밀하게 현대적 관점에서 비판적으로 고찰할 때는 회통론이라 부르기 어렵다. 다만 그 당시에는 그러한 것 역시 회통으로 이야기되었기에 우리가 '차별적 회통론'이라 하였을 뿐이다. 그것은 현대적 관점에서는 회통론자라기 보다는 오히려 종파성립을 위한 교학[宗學]으로서 기능했던 교판론자라고 볼 수 있게 한다.

그러므로 샹카라의 차별적 회통론은 종파적인 것으로서 진정한 의미에서 회통론이라 볼 수 없다. 그저 자기의 종파주의적 철학/교리를 옹호하고자 애썼던 호교론적 성격을 강하게 갖는 것이다. 바로 거기에 『기타』를 해석해 가는 그의 방법론적 특징이 놓여 있는 것으로 나는 생각하고 있다.

Ⅳ. 종파주의적 해석의 전형

샹카라는 과연 『기타』를 어떻게 해석하고 있는 것일까? 나는 먼저 방법론이라고 하는 측면에서부터 접근해 가고자 한다. 그것은 방법론과 철학, 해석의 방법과 해석된 내용은 서로 분리할 수 없기 때문이다. 그 점을 G. R. Pandey는 다음과 같이 말하고 있는 것이다.

샹카라의 해석에 대한 평가는 해석 그 자체에 대한 설명없이 정당화될 수 없음은 두말할 나위없다. 그와 마찬가지로 해석 또한 텍스트에 대한 해석자(commentator)의 태도와 그것들을 해석하는 그의 접근방식에 대한 이해없이 적절하게 설명할 수 없는데, 후자(태도와 접근 방법)가 전자(이해)의 열쇠이기 때문이다.[44]

이러한 맥락에서 방법론에 대한 탐구는 그 자체가 철학, 즉 해석된 내용에 대한 탐구가 된다. 그렇다면 샹카라의 『기타 바쉬야』에 나타난 방법론적 특징은 무엇이라 정리할 수 있을까?

먼저 주석(註釋, bhāṣya)으로서의 글쓰기이다. 물론 원전에 대한 주석이라고 하는 형식으로 철학하기를 해온 것은 샹카라만의 일은 아니다. 예컨대 『기타』에 대한 해석자들 중에서 라마누자 역시『기타 바쉬야』를 남기고 있지만 과목(科目) 나누기라고 하는 점에 더욱 뚜렷한 방법론적 특징이 확인되므로 여기서는 제외키로 한다. 그렇게 하고 나면, 『기타』의 여러 해석자들 중에서 바쉬야적 글쓰기의 특징을 가장 분명하게 드러내고 있는 해석자가 샹카라임을 알게 된다.

기실 이 점에 착안한 것은 틸락이다. 하지만 그는 인도의 해석학적 글쓰기 전통에서 티카(ṭīkā)와 바쉬야를 구분하고 있다. 티카는 "원전의 순수한 뜻을 설명함으로써 그 안의 단어에 대한 이해"를 추구하는 것이지만, 바쉬야는 "전 저술을 비평적으로 또 논리적으로 조사하고"나서 "그것의 의미가 무엇인지, 또 그러한 저술이 원전의 취지와 어떻게 일치"하는지 문제 삼는다는 것이다. 이런 특징이 있는 티카와 바쉬야를 나는 편의상 주해(=티카)와 주석(=바쉬야)이라 불러서 구분하였다. 샹카라의 경우, 그의 『기타 바쉬야』 안에는 주해적 부분을 포함하고 있긴 하나 논적(論敵)의 주장을 전제하고서 그에 대한 반론을 펼치고 있는 주석적 부분이 더욱 더 특징적이라 할 것이다.

틸락이 말하는 바 티카와 바쉬야 개념은, 모두 원전의 의미에 일치하는 것을 추구하고 있으므로 '쉴라이에르마허 → 딜타이'의 텍스트 중심 해석학에 부합하는 것으로 보인다. 그렇지만 인도 전통의 바쉬야 개념이나 샹카라의 바쉬야에서 보이는 해석은 일단 자기 목소리(=자기 철학)를 강조하고 있다는 점에서 철학적 해석학과 유사성이 있다고 할 수 있다. 그렇다고 해서 샹카라의 해석학적 방법론이 가다머의 철학적 해석학과 완전히 일치하는 것은 아니다. 그것이 또 하나 주의해야 할 점이었다.

다음 샹카라의 글쓰기 방법론에 나타난 특징의 하나는 자기 철학을 원전보다 더욱 앞세운다는 점이다. 정통 인도 종교 철학에서 원전은 절대적인 권위를 갖고서 해석자를 구속해 온다. 샹카라 역시 원전을 절대적 진리로 보고 있었다. 그런데 실제 텍스트 속에는 다종다양한 가르침이 충돌하고 있음을 만나게 된다. 샹카라가 회통(會通, samuccaya)을 시도하는 지점이다.

이를 위해 그가 도입하는 방법론이 근기론(根機論)인데, 서로 다른 교설을, 그것을 필요로 하는 수용자(受容者)의 근기의 차이에 의해서 설해진 것으로 계급화시켜서 조화를 도모하는 것이다. 이러한 입장은 평등적 회통론이 아니라 차별적 회통론이라 할만 하다. 구체적 예로서 『기타』 3 : 5는 행위의 길을 모든 사람들이 다 행해야 할 것으로 말하고 있음에도 불구하고, 샹카라는 그것을 "지혜가 없는 자"(ajñaḥ)가 행할 바라고 해석하였던 것이다. 여기에는 해석자의 지평과 원전의 지평의 조화[지평융합]이 아니라 해석자의 지평에 의해서 원전의 의미가 훼손/개변되고 있음을 볼 수 있을 뿐이다.

샹카라의 『기타』 해석에는 이러한 방법론적 특징이 나타나기 때문에, 나는 그의 방법론을 호교론적 해석학(apologetic Hermeneutics)이라 부르고자 한다. 물론 원전에 대한 해석학으로서의 철학을 할 수밖에 없으므로 '미세한 호교론'이 된다는 것은 어쩔 수 없다고 하더라도, 샹카라의 그것은 '거친 호교론'으로서 종파주의적 특징을 보인다는 점에서 우리가 의존할 바는 아니라고 나는 생각한다. 이런 점에서 비록 전통적인 관점에서 본다면 샹카라 역시 회통론자(samuccaya-vādin)라고 할 수 있으나, 현대적 관점에서는 역시 평등적 회통론자가 아니라 차별적 회통론자로서 교판론/종파주의에 떨어진 것이라고 비판될 수밖에 없다.

| 주 |

1 『기타』(smṛti)의 위상을 베다(śruti)와 비교했을 때, 베단타 3대 학파의 조사들은 서로 그 평가를 달리한다. 샹카라는 베다 다음으로, 라마누자는 베다와 동격으로, 마드와는 오히려 베다를 능가한다고 본다. 木村文輝 1998, p. 219, 참조.

2 헤겔이나 샹카라가 차지하고 있는 것과 같은 철학사적 위상을 차지하고 있는 중국철학자는 주자(朱子)일 것으로 생각된다. "성(性)이 곧 이(理)이다"를 주장하면서 성리학을 완성한 주자는 가장 강력한 주리론자(主理論者)로서 양명학이나 고증학/실학을 지향한 철학자들로부터 비판·극복되기 때문이다. 물론 그들의 철학이 내용면에서조차 동일하다고 말하는 것은 아니다.

3 근대 이전의 인도 종교 철학사의 계보는 김호성 2007a, p. 279.

4 이는 후속 논문(김호성 2006b, pp. 153~190, 참조)으로 발표되었다.

5 분석적 독서법은 텍스트가 갖고 있는 의미 내용을 텍스트 내적으로, 혹은 그 텍스트와 연관되어 있는 다른 텍스트와의 관련 하에서 분석, 평가하는 방법이다. 대개의 학문적 연구는 이러한 분석적 독서법에 입각하고 있다. 『기타』의 해석자들 중에서 분석적 독서법을 취하고 있는 대표적 경우는 틸락에게서 확인된다. 김호성 2004a, 참조.

6 원의범 1981, p. 19.

7 우파니샤드 바쉬야 중에서 샹카라의 진저(眞著)로 평가받고 있는 것은 Īśa · Kena · Kaṭha · Aitareya · Taittirīya · Praśna · Muṇḍaka · Chāndogya · Bṛhadāraṇyaka Upaniṣad 등 9종에 대한 것들이다. G. R. Pandey 1998, pp. 2~3.

8 인도철학의 해석학적 특징에 대해서는 이지수 1998, p. 189, 참조.

9 B. G. Tilak 2000, p. 16.

10 서양 해석학에 대한 개략적인 이해는 R. E. Palmer 1998, 참조.

11 이 글에서 자기 철학의 개념은 다른 해석자/철학자와 구별되는 자기만의 철학이라는 의미에서 쓰이는데, 그것이 있는 경우에만 철학사 속에서 살아남을 수 있다.

샹카라가 인도철학사에 등장한다는 것은 그 나름으로 자기 철학이 있었음을 나타내는데, 불이일원론 철학이나 행위와 결부시키지 않고서도 지혜만으로 해탈이 가능하다는 지혜일원론(知慧一元論) 등을 그의 자기 철학으로서 들 수 있다.

12 A. G. Krishna Warrier 1983, p. 106.

13 상동.

14 S. Gambhīrānanda 1984, p. 140.

15 ajñaḥ iti vākyaśeṣaḥ, yataḥ vakṣyati 'guṇair yo na vicālyate '(14 : 23) iti / sāṃkhyānāṃ pṛthak karaṇāt(3 : 3) ajñānām eva hi karmayogaḥ, na jñāninām / jñānināṃ tu guṇaiḥ acālyanānāṃ svataḥ calanābhāvāt karmayogaḥ na upapadyate / tathā ca vyākhyātaṃ vedāvināśinaṃ(2 : 21) ity atra // A. G. Krishna Warrier 1983, p. 106.

16 박효엽은 『브라흐마 수트라 주석』의 경우를 살피면서, 샹카라의 방법론에서 '논증'이 차지하는 의미를 살피고 있다.(박효엽 2012, pp. 49~77.) 그러한 '논증'에는 앞서 말한 티카적 부분, 바쉬야적 부분 모두 들어갈 수 있다. 따라서 '논파'는 그 논증의 한 부분을 이루는 것이라 해야 한다. 굳이 '논파'라고 말하는 이유이다. 애당초 나는 '대화'라는 말을 썼지만, 박효엽의 관점을 받아들여서 샹카라의 그러한 방법을 '논파'로 고쳐 부르기로 하였다.

17 R. Puligandla 1991, p. 19.

18 『브라흐마 수트라 주석』에서는 이 3단계 이전에 '논제(viṣaya) - 의문(saṃśaya)'를 더 두고 있다 한다.(박효엽 2012, p. 53, 참조.) 그러나 5단계 중 가장 중요한 것은 뒤편의 세 단계이고, 이는 다시 그 넷째와 다섯째 단계를 하나로 함으로써 반론자(pūrvapakṣa)와 주장자(=재주장자, uttarapakṣa)의 대립을 선명하게 할 수 있다. 박효엽은 pūrvapakṣa를 전론(前論), uttarapakṣa를 후론(後論)이라 옮기고 있다.

19 샹카라의 글쓰기를 살펴볼 때, 그것이 틸락의 『기타 라하쉬야』에서 보는 바와 같이 학문적 논술/논문으로서의 성격을 띠는 것도 아니고, 간디와 같이 대중들에게 『기타』의 가르침을 전해주고 거기에 의지해서 삶 속의 실천을 요구하는 것도 아니다. 주석(샹카라)과 논문/논설문(틸락)이라는 글쓰기의 형식적 차이는 존재하지만 굳이 분별한다면, 간디 보다는 틸락에 좀더 가깝다고 볼 수 있다. 어쩌면 그들 모두 간디와는 달리, 대중들을 대상 독자로 삼기 보다는 다른 해석자들을 대상

독자로 삼으면서 자기 해석의 타당성을 높이 주장하는 입장이었기 때문이라고 나는 생각한다.

20 각 장의 본송(本頌)에 대한 해석을 시작하기 전에 부가하는 총론/서론 부분에서 라마누자는 간략히 과목 나누기만을 제시하고 있으나, 샹카라는 그것을 활용하여 그의 철학적 입장을 적극적으로 개진(開陳)하고 있다. 따라서, 각 장의 총론/서론 역시 샹카라의 자기 철학이 드러나 있는 부분으로 주목할 만한다.

21 원전을 어떻게 평가하는가 하는 원전관의 차이가 어떻게 해석의 차이를 가져올 수 있는지 미망사와 불교의 경우를 비교하면서 살핀 바 있다. 김호성 2002b, pp. 77～116, 참조. ; 김호성 2009a, pp. 21～59, 참조.

22 G. R. Pandey 1998, p. 5.

23 *jñāna-karma-samuccaya*라는 이름의 『기타』주석서가 있다. 저자는 Ānandavardhana라고 한다. T. G. Mainkar 1969, p. iv.

24 샹카라가 차별적 회통론의 입장을 취하고 있었음은 그의 「이샤 우파니샤드」에 대한 주석을 오로빈도의 그것과 대비해 봄으로써도 확인된 바 있다. 김호성 2000b, pp. 128～130, 참조.

25 "묻는다 : 여러 스님들의 학설 중에서 어느 것이 옳습니까? 답한다 : 여러 스님들의 학설이 다 옳다.(問 : "諸師所說, 何者爲實?" 答 : "諸師說, 皆實.") 원효 1979, p. 481a.

26 "na hi kaścit kṣaṇam api jātu tiṣṭhaty akarma-kṛt, kāryate hy avaśaḥ karma sarvaḥ prakṛti-jair guṇaiḥ." BG 3 : 5.

27 ajñaḥ iti vākyaśeṣaḥ, yataḥ vakṣyati 'guṇair yo na vicālyate(14 : 23) iti / sāṃkhyānāṃ pṛthak karaṇāt(3 : 3) ajñānām eva hi karmayogaḥ, na jñāninām / jñānināṃ tu guṇaiḥ acālyanānāṃ svataḥ calanābhāvāt karmayogaḥ na upapadyate / tathā ca vyākhyātaṃ vedāvināśinaṃ(2 : 21) ity atra // A. G. Krishna Warrier 1983, p. 106.

28 이러한 태도를 나는 '근기론'이라 불러서 '근기의 고려'와는 구별한다. 후자는 긍정적인 의미가 있지만, 전자는 부정적인 것으로 극복되어야 할 대상으로 보는 것이다. 근기의 고려는 필요하지만 근기론에 떨어져서는 안 된다. 근기와 근기론에 대해서는 김호성 2009, pp. 201～206, 참조. 근기와 근기론을 구별하는 나의 용어법은 마치 '교판'과 '교판론'을 구별하는 것과 닮아 있다. 교판과 교판론의 구분은 김호성 2007a, p. 303, 참조.

29 이에 대한 경고는 S. P. Agarwal 2000, p. 25, 참조.

30 이 자체는 근기론에 대한 오해에서 비롯된 것으로 볼 수도 있다. 근기에 대한 개념은 개인의 역량이나 수준(pātra)만이 아니라 그것과 함께 시간(kāla)과 공간(deśa)이라고 하는 컨텍스트적 차원 역시 포괄하고 있는 것이다. 이렇게 본다면, 근기의 차이에 따른 가르침 상호 간의 계급성은 인정되지 않는다. 근기에 시간과 공간 개념이 포함될 수 있다는 사실을 보여주고 있는 것은 『기타』 17 : 20에서이다. 시간과 공간 그리고 그것을 받아들이는 사람에게 부합하는 보시라야 선한(sattvika) 보시라고 하는 맥락에서이다.

31 T. G. Mainkar 1969, p. 59.

32 "jñāna-yogena sāṃkhyānāṃ karma-yogena yogināṃ." BG 3 : 3.

33 "na karmaṇām anārambhān naiṣkaryam puruṣo 'śnute." BG 3 : 4.

34 "sadṛśaṃ ceṣṭate svasyāḥ prakṛter jñānavān api, prakṛtiṃ yānti bhūtāni : nigrahaḥ kiṃ kariṣyati." BG 3 : 33.

35 "guṇair yo na vicālyate." BG 14 : 23.

36 사전에 의하면 다음과 같은 다양한 의미가 있다. "① independent, free. ② not complaint or docile, disobedient, self-willed. ③ not master of oneself, subject to the senses. ④ not having one's own will, dependent, helpless, powerless."[V. S. Apte 1998, p. 256.] 이 중에서 ①과 ②의 의미와 ③~④의 의미로 대별할 수 있는데, 서로 상반된다.

37 S. Gambhīrānanda는 "강제로"[S. Gambhīrānanda 1984, p. 140.]으로, A. Kuppuswami는 "비쉬누에 의지하는 자"[A. Kuppuswami 1983, p. 71.]로, R. C. Zaehner는 "힘없이"[R. C. Zaehner 1973, p. 163.]으로, 길희성은 "어쩔 수 없이"[길희성 1988, p. 59.]로 옮기고 있다.

38 T. G. Mainkar 1969, p. 30.

39 B. G. Tilak 2000, p. 16.

40 그 대표적인 사례는 『이샤 우파니샤드 바쉬야』에서 드러난다. 이에 대해서는 김호성 2000b, pp. 141~145, 참조. 원문 그 자체를 개변하는 것은 아니지만 해석을 함에 있어서 'iva'와 같은 단어가 있다고 보고서, 마야(māyā)의 의미를 환영론적으로 개변하는 것에 대해서는 T. G. Mainkar 1969, pp. 9~11, 참조.

41 A. N. Pandey 1998, p. ix.

42 김호성 2002b, p. 97. 참조

43 G. V. Saroja 1985, 앞의 책, pp. vii～viii. 종파주의와 '거친 호교론'은 친화성을 갖는다.

44 G. R. Pandey 1998, pp. 4～5.

틸락의 분석적 독서법

틸락의 『기타 라하쉬야』는 전통적 주석에 대한 비판을 통하여 그와 다른 그 자신의 새로운 해석을 제시한 저술로서 매우 정밀한 학문적 분석이 행해져 있는 대저(大著)이다. 『기타 라하쉬야』에 나타난 『기타』 해석의 태도를 독서법의 차원에서 살펴볼 때, 텍스트를 치밀하게 분석적으로 읽고 있는 분석적 독서법을 취하고 있는 것으로 생각된다.

이를 통하여, 틸락은 아직도 뿌리 깊은 권위를 갖고 있는 전통적 주석들의 『기타』 이해, 즉 지혜의 길이나 믿음의 길에 의한 해탈의 추구야말로 『기타』의 주제라는 입장을 불식하고 행위의 길이 진정한 주제임을 제시한다. 이것이 그의 『기타 라하쉬야』에 높은 학문성을 부여하게 된 이유이며, 또한 그가 분석적 독서법을 선택하게 된 동기라고 나는 생각한다. 이러한 분석적 독서법에서 그가 의지하는 것은, 인도 해석학(Indian Hermeneutics)의 양대산맥이라 할 수 있는 미망사와 베단타 학파이다.

첫째, 미망사 해석학에 의지하는 주제 분석이다. 틸락이 무엇보다도 힘주어서 논증하고 있는 것은 『기타』의 주제가 무엇이냐 하는 점이다. 종파주의적 입장에서 행해진 주제 파악을 넘어서기 위해 그가 의지한 것은 베다에 대한 해석학 이론을 개발한 미망사학파의 여섯 가지 기준(ṣaḍvidha liṅga)이다.

둘째, 베단타 해석학에 의지한 상황 분석이다. 『기타』에서 제기되는 윤리적 상황, 즉 컨텍스트마저 분석의 대상으로 삼는다. '아르주나의 회의 vs 크리슈나의 응답'이 『기타』를 구성하는 구조(plot)라고 할 때, 여기에는 "부전(不戰)/비폭력이냐, 참전/폭력 용인이냐"라고 하는 윤리적 선택 상황이 있다. 이러한 윤리적 선택 상황에 놓여있을 때, 어떤 입장에 근거하여 우리가 윤리적 결단을 내려야 할 것인지를 묻는다.

이 글은 「바가바드기타를 읽는 틸락의 분석적 독서법」이라는 제목으로 『종교연구』 제35집(한국종교학회, 2004, pp. 195~224.)를 통하여 발표되었다. 논지의 변화는 전혀 없으나, 이 책의 수록을 위하여 다소 수정과 보완 그리고 윤문을 행하였다.

주요어

틸락, 미망사, 베단타, 『기타 라하스야』, 해석학, 콩트, 폭력, 비폭력.

Ⅰ. 방법의 새로움, 주제의 새로움

1. 해석의 전통과 독서법

선행하는 원전에 대한 주석/해석으로서 그 철학사가 전개되어 왔다는 점은 인도철학의 한 특징이다. 근·현대에 이르러 해석학(Hermeneutics)이 서양의 신학이나 철학의 영역에서 발전되어 왔음은 주지하는 바이다. 그러나 자기학문의 방법론을 해석학으로서 의식하는 것에는 다소 뒤졌다고 하더라도, 그 철학사 전체가 해석학적 특징을 현저하게 보이고 있는 것으로 정통의(vedic) 인도 종교 철학에 앞서는 것은 없는 것으로 생각된다.[1)]

인도 해석학의 역사에서 최고(最古)/최고(最高)의 원전은 베다(śruti, 좁은 뜻의 베다에서 우파니샤드까지)인데, 베다가 아니면서도 후대의 학자들로부터 끊임없이 재해석된 텍스트가 『기타』이다. 『기타』는 전승서(smṛti)로서, 베다 보다는 그 권위가 약하지만 해석자에 따라서는 베다와 거의 맞먹는 권위를 부여하기도 했다. 『기타』를 그 한 부분으로 품고 있는 『마하바라타』를 제5의 베다라고 부르는 경우도 있으며, 한정적 불이일원론(Viśiṣṭādvaita)적 베단타(Vedānta) 학파를 형성한 라마누자(Rāmānuja, 1017~1137)는 베다와 『기타』를 동격의 가치를 갖는 것으로 평가하였고, 이원론(Dvaita)적 베단타의 체계를 확립한 마드와(Madhva, 1199~1276)는 오히려 『기타』가 베다의 권위를 능가하는 것으로 평가[2)]하였다. 베다에 맞먹을 정도로 중요시되어 온 만큼 『기타』에 대한 해석은 끊임없는 변주를 보여주고 있다.

『기타』에 대한 현존 최고(最古)의 주석서를 남긴 샹카라(Śaṅkara, 700~750)를 비롯하여 라마누자·마드와 등 베단타의 3대 조사(祖師)들은 공히 『기타』를 우파니샤드, 『브라흐마 수트라』와 함께 베단타 학파의 3대 소의경전(所依經典, prasthāna-trayī)으로 평가하여 주석서(bhāṣya)를 남기고 있다. 이렇게 『기타』가 인도철학사 안에서 끊임없이 재해석되어 왔다는 것은 거듭거듭 새롭게 해석되어 왔음을 의미한다. 동일한 텍스트에 대하여 새로운/다른 해석이 어떻게 해서 가능하게 되었던 것일까? 여기에는 그 해석의 당사자가 갖고 있었던 철학적 관점이나 종교적 체험의 차이가 무엇보다 강조될 수밖에 없을지도 모른다. 그러나 그 이상으로 그 해석자가 텍스트를 해석할 당시에 처해 있었던 시대상황(context)의 차이나 독서법(讀書法)[3]의 차이 등을 간과해서는 안 될 것이다.

철학과 방법론의 관계는 내용과 방법의 관계라고 할 수 있으나, 내용/진리와 방법은 결코 분리될 수 없는 것이다. 방법론이 수단의 의미로 폄하될 수 없는 이유이다. 방법론 그 자체에 이미 철학이 투영되어 있다고 볼 수 있기 때문이다. 이런 맥락에서 나는 『기타』 해석학(Gītā-Hermeneutics)의 역사에서 방법론이 갖는 의미에 주목하기로 한다.

2. 틸락의 독서법

『기타』에 대하여 독자적/독창적인 해석을 가한 해석자들은 나름대로 그만의 독서법을 갖추고 있는 것으로 생각되지만, 나는 우선 틸락(Bal Gangadhar Tilak, 1857~1920)의 그것에 주목해 보고자 한다.

그의 독서법은 매우 학문성이 높은데, 그 속에서 인도의 고대철학과 근·현대철학이 만나기 때문이다. 정통 인도 종교 철학에 있어서 고대 인도철학은 근·현대 인도철학의 원전이며, 근·현대 인도철학은 고대 인도철학에 대한 해석학이라는 점을 생각하면 인도철학사에 있어서 고대와 근·현대의 시대구분은 의미가 없을 수도 있다. 그 구체적 예가 바로 틸락이다. 그는 스스로 온갖 인도철학을 철학사적으로 섭렵하면서 『기타』를 해석하고 있다. 다시 말하면 철저하게 인도철학의 해석학 전통 속에 그 스스로를 위치시키고 있는 것이다. 그것은 그의 해석이 초래한 결과에서만 확인되는 것은 아니다. 오히려 『기타』를 해석하는 방법 속에서 더욱 잘 드러난다고 본다. 인도철학의 가장 대표적인 해석학파의 독서법을 의식적으로 원용(援用)하고 있음에서도 그러한 점을 살펴볼 수 있다.

『기타』에서 행위의 길(karma-yoga)을 주제로 부각하고 있다는 점에서 실천적 성격이 강하지만, 실제로는 마하트마 간디(Mahatma Gandhi, 1869~1948)가 실천적 독서법[4]의 입장을 주로 택하고 있었다고 한다면, 그는 매우 학문성(學問性, wissenschaftlichkeit)이 높은 분석적 독서법을 주로 의지하고 있다. 그것은 그가 전통적 해석에 대한 비판을 지향하고 있었기에 전주장(前主張, purvapakṣa)을 제시하는 반론자의 설득을 위해서 필요했기 때문이다. 이 점은 간디와 틸락의 『기타』 해석을 생각할 때 매우 중요한 차이점이라 아니할 수 없는데, 여기서는 틸락의 분석적 독서법을 두 가지 측면에서 살펴보기로 한다.

첫째는 『기타』의 주제 파악과 관련된다. 틸락은 샹카라, 라마누자 그리고 마드와 등의 전통적 해석자들이 모두 『기타』의 주제를 해탈의 길(mokṣa-marga)로 평가했음을 강력히 비판하면서, 『기타』는 행위의 길을 주제로 하는 텍스트일 뿐이라며 행위일원론(行爲一元論)의 입장에서 『기타』를 해석한 걸작 『기타 라하쉬야(Gītā-Rahasya, 기타의 비밀)』를 저술하고 있다. 『기타』의 주제가 지혜의 길(jñāna-yoga) 혹은 믿음의 길(bhakti-yoga)에 있는 것이 아니라 행위의 길에 있다는 그의 해석은 『기타』 해석학의 역사에서 하나의 코페르니쿠스적 전회(轉回)를 가져왔던 것이니, 이를 위해서 그가 의지하고 있는 것은 미망사(Mīmāṃsā)학파의 해석학이다.

둘째는 행위의 길 안에서 행위하려고 할 때 우리가 만날 수 있는 윤리적 선택 상황을 가상하면서, 그러한 윤리적 선택 상황 앞에서 우리가 하나의 행위를 선택한다고 할 때 그 이면에는 이미 어떤 원칙이 개재되어 있다고 보고서 그 원칙을 탐구해 간다. 이를 위해 그가 의지하는 것은 바로 베단타 학파의 해석학이다.

이제 이러한 두 학파의 해석학에 의지한 틸락의 독서법을 살펴보고자 하거니와, 먼저 우리의 텍스트가 되는 『기타 라하쉬야』에 대해서 좀더 알아둘 필요가 있을 것 같다. 구성을 중심으로 해서, 그 개요만이라도 그려보기로 하자.

Ⅱ. 『기타 라하쉬야』의 성립과 구성

틸락은 영국 제국주의 지배하의 인도에서 영국인 지배자들에게는 '인도 불안의 아버지'로 일컬어졌으며, 인도 민중들에게는 '근대 인도의 건설자'로 일컬어지는 인도의 독립운동가이다. 교육, 언론 그리고 정치적 투쟁을 통하여 영국 제국주의 지배로부터의 해방을 궁극의 목적으로 삼아서 평생 투쟁의 삶을 살았던 국민회의 내 과격파의 지도자이다.[5)]

S. P. Agarwal은 인도에서의 독립운동/정치의 중심이 틸락에게서 간디로 전환되는 것(The Tilak - Gandhi transition)으로 본다. 그리고 그 전환/이동은 1919년 4월에 시작하여 간디의 지도 하에 전인도비협조운동(全印度非協助運動)이 시작되는 1920년 8월에 완성되었다.[6)] 우리가 비록 그의 삶의 상세한 면면들에 대해서는 모른다 할지라도 한마디로 "간디 이전 인도 독립운동의 최고지도자"로 생각하면 그의 비중을 짐작할 수 있을 것이다.

근대의 인도사상가들이 거의 그렇듯이, 틸락 역시 정치가라고 하더라도 깊은 학문적 지식을 갖추고 있었다. 데칸 칼리지(Deccan College)에서의 법학 전공은 장차의 정치적 투쟁을 위하여 실제로 도움이 될 것으로 생각하여 선택한 것이지만, 그는 산스크리트 문법을 저술한 일도 있는 아버지(Gangadhar Ramachandra Tilak)의 영향으로 산스크리트를 공부한다. 실제로 그는 분주한 정치투쟁의 일상 속에서도 베다에 대한 독특한 견해를 담고 있는 저술들을 이미 2권[7]이나 펴내고 있다. 그것도 『기타 라하쉬야』 집필 이전의 일이었다. 그렇지만 "철학사상에 가장 위대한 공헌"[8]은 역시 『기타 라하쉬야』의 저작이었음은 두 말할 나위 없다.

『기타 라하쉬야』는 1910년 만달레이(현 미얀마) 감옥에서 집필되었으나, 정식으로 출판된 것은 1915년의 일이었다. 애시당초 마라티(Marathi, 인도 중서부 마하라슈트라 주의 언어로서 틸락의 모국어)어로 쓰여졌으므로, 나로서는 B. S. Sukthankar의 영역본에 의지할 수밖에 없다. 일단 이 대작(magnum opus)의 구성을 살펴볼 필요가 있는데, 거기에 이미 그의 독서법을 짐작케 하는 요소가 내포되어 있기 때문이다. 우선 그 내용 구성/과목(科目)[9]은 크게 다음과 같이 이루어져 있다.

표 1. 『기타 라하쉬야』의 구성

- 『기타 라하쉬야』
  - 저자 서문
  - 상세 목차
  - 「기타 라하쉬야(행동주의 철학)」[10]
  - 부록
- 『기타』의 번역과 주해

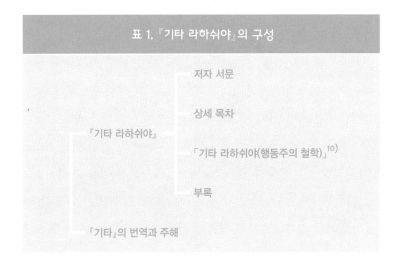

이러한 구성은, 예컨대 샹카라의 주석에서 보는 것과는 다른 양식이다. 샹카라는 각 장 앞에 약간의 서론을 붙인 뒤, 『기타』의 시편에 대해서 하나하나 단어를 주해하면서 상세한 논의가 필요하다고 생각되는 부분에 이르러서는 반론자(反論者, Pūrvapakṣa, objection)의 존재를 상정하면서 그와 대론(對論)하는 형식으로 자종(自宗, Vedāntin, Reply)의 입장을 제시하고 있다. 간디의 『기타 강의록 *Discourses on the Gita*』 역시 자신의 견해를 서술하면서 필요한 경우에 본송을 옮겨두거나, 전체 시편을 다 번역한 경우에는 그 하나하나에 대한 주해나 언급은 매우 간략하게 제시하고 만다.

그런데 틸락의 『기타 라하쉬야』는 그들의 저술방식과는 달리 매우 중층적(重層的)인 구성을 취하고 있는 것이다.

첫째, 「상세 목차」에서는 『기타』 18장의 목차를 제시하는 외에 세 번째 「기타 라하쉬야(행동주의 철학)」에서 단락 구분없이 길게 논의하는 내용들이 어떤 내용인지를 그 중요 사항들을 목차로서 다시 정리해 둔다.

둘째, 「기타 라하쉬야(행동주의 철학)」는 이 책의 본론이라 할 수 있는데, 여기에는 장문의 논문 15편이 합편(合編)되어 있다. 그 하나 하나가 『기타』의 주요한 문제들을 철저하게 분석하면서 논의해 가고 있는데, 틸락은 15편의 논문들을 1부와 2부로 다시 나누고 있다. 아마도 2부에 속하는 마지막 2편의 논문들은 제1부의 논의들을 다시금 종합해 가는 결론 부분으로 생각한 것 같다. 따라서 1부에서 서론을 제외한 나머지 14편을 본론이라고 한다면, 전체적으로 서론·본론·결론의 체계를 갖춘 정연한 학술서적의 구성을 취하고 있음을 알 수 있다. 이제 이러한 구성을 도표로 나타내면 다음과 같이 된다.

표 2.「기타 라하쉬야」에 대한 과목

서론	Introductory(서론)
본론	Karma-Jijñāsā(올바른 행동에 대한 탐구)
	Karma-yoga-śāstra(올바른 행동의 과학)
	Ādhibhautika-sukhavāda(행복에 대한 물질주의적 이론)
	Sukha-duhkha-viveka(행복과 불행의 분별)
	Ādhidaivata-pakṣa and kṣetrakṣetrajña-vicāra (직관주의 학파와 몸-아트만의 구별)
	Kāpila-sāṃkhya-śāstra or kṣarākṣara-vicāra (카필라의 상키야 철학, 變-不變의 구별)
	The construction and distruction of the cosmos (우주의 창조와 해체)
	Adhyātma(절대아의 철학)
	Karma-vipāka and ātma-svātaṃtrya (행위의 결과와 의지의 자유)
	Saṃyāsa and Karma-yoga(포기와 행위의 길)
	Siddhāvasthā and Vyavahāra(완성의 경지와 세속사)
	Bhakti-mārga(믿음의 길)
결론	Gītādhyāya-saṃgati(『기타』 章들의 연속성)
	Upasaṃhāra(résumé 또는 요약)

실제로 논의를 전개해 감에 있어서 틸락은 방대한 인도철학 전반에 대한 자신의 관점을 종횡무진 발휘해 간다. 베다·브라흐마나·우파니샤드는 물론이거니와, 상키야·요가·미망사·베단타와 같은 육파철학, 『마하바라타』와 『라마야나』와 같은 서사시, 『바가바타 푸라나』를 비롯한 푸라나 문헌, 『마누법전』을 비롯한 법전류, 그의 고향 마하라슈트라(Maharashtra) 출신 성자들의 어록 그리고 불교에 이르기까지 고대 인도문화의 정수를 담은 거의 모든 문헌을 섭렵하며 인증(引證)한다. 그리고 그러한 철학사적 맥락 속에서 『기타』 교설의 의미를 밝히고자 한다. 그것만이 아니다. 『기타』의 카르마 요가가 행위와 윤리의 문제이므로, 그것이 서양 윤리학의 입장과는 어떻게 대비될 수 있는지를 잊지 않고 검토해 간다. 이때 인용되는 서양 사상가들은 홉스, 밀, 스펜서, 헤겔, 쇼펜하우어, 그린, 아리스토텔레스, 소크라테스, 예수, 플라톤 …… 등 서양윤리학사에 등장하는 근대 이전의 중요한 인물들은 거의 모두 망라되어 있다.

셋째, 「부록」인데 다음과 같은 7편의 논문이 실려있다.

The Gītā and the Mahābhārata(『기타』와 『마하바라타』)
The Gītā and the Upaniṣads(『기타』와 우파니샤드)
THe Gītā and the Brahma-sūtras(『기타』와 『브라마수트라』)
The Bhāgavata Religion and the Gītā(바가바타 종교와 『기타』)
The Date of the Present Gītā(현존 『기타』의 연대)
The Gītā and Buddhistic Literature(『기타』와 불교 경전)
The Gītā and The Christian Bible(『기타』와 기독교 성서)

이들 제목만 보더라도 틸락의 작업이 얼마나 학문적인 테마를 포괄하고 있는가 하는 점을 알 수 있다. 앞의 「기타 라하쉬야」의 15편의 논문이 『기타』에서 설해지고 있는 의미 내용에 대한 내적 천착이라면, 여기 부록에 실린 7편의 논문은 모두 『기타』를 중심으로 동심원을 그리면서 외적 비교고찰이 위주가 되어 있다. 『기타』의 안과 밖을 모두 철두철미 분석하면서, 행위의 길을 중심으로 제기될 수 있는 모든 문제들을 전부[11] 해결하고자 했던 틸락의 의욕과 방법론을 여실(如實)히 드러내고 있다 할 것이다.

넷째, 「기타의 번역과 주해」에서 주해는 이미 「기타 라하쉬야」에서 상세한 논의를 행한 바 있기 때문에 그것을 보유(補遺)하는 정도로 간략히 제시되고 있다. 이 부분은 「기타 라하쉬야(행동주의 철학)」보다 늦게 이루어졌다. 그것은 「기타의 번역과 주해」 속에서 「기타 라하쉬야」를 이야기하고 있음[12]을 통하여 알 수 있다. 이와같이 지금 내가 의지하고 있는 영역본 『기타 라하쉬야』는 넓은 의미에서의 호칭이고, 실제 그것은 본래의 『기타 라하쉬야』와 「기타의 번역과 주해」를 합편한 것이다.

이렇게 『기타 라하쉬야』의 구성을 살펴봄으로써 느낄 수 있는 것은 틸락의 해석학적 태도가 철저하게 학문적이라는 사실이다. 비록 그가 평생을 과격파로 분류되는 투쟁가로서 살았다고 하더라도, 『기타 라하쉬야』의 저자로서 틸락의 얼굴은 철저하게 학자의 그것이다. 그런 점에서 전혀 학문적이기를 원치 않았던 간디의 독서[13]법과 대비된다. 그도 그럴 것이 틸락 스스로 자임한 사명, 즉 『기타 라하쉬야』의 사명은 샹카라를 비롯한 옛 주석가들의 『기타』 해석이 잘못이라는 점을 논박[破邪]하고, 『기타』는 카르마 요가를 주제로 하고 있는 텍스트임을 입증·설득[顯正]할 필요가 있었기 때문이었던 것으로 보인다. 『기타 라하쉬야』의 대상 독자를 다른 주석가/학자로 상정한 이상, 그들을 논박하거나 설득하기 위해서는 철저하게 학문적인 방법론, 즉 분석적 독서법을 취할 수밖에 없었을 것이다.

Ⅲ. 미망사 해석학에 의지한 주제 분석

『기타』는 과연 어떠한 가르침을 설하고 있는 텍스트인가? 그 주제는 무엇일까? 이러한 질문에 대한 해답이 이구이성(異口異聲)이라는 데에서 『기타』 해석학의 역사가 다채롭게 전개될 수 있었다. 앞서 언급한 바와 같이, 샹카라는 지혜의 길이라 답하고 라마누자와 마드와는 그들의 철학적 차이에도 불구하고 동일한 종교적 입장 덕분에 공히 신에 대한 믿음의 길을 『기타』의 주제로서 설정한다. 이제 틸락은 지혜의 길이나 믿음의 길이 아니라 행위의 길을 그 주제로서 강력히 천명하고자 한다.

그런데 기실 이러한 이견(異見) 속출의 배경은 바로 『기타』 그 자체에 이미 내재되어 있다. 『기타』 안에는 다양한 교설들이 동시에 설해져 있기 때문이다. 그리고 그에 덧보태어서 해석자들이 『기타』 해석 이전에 갖고 있는 그들의 종파주의적 입장을 해석학적 선이해(hermeneutical pre-understanding)로서 투영시키고 있기 때문에, 저마다 그들 교설의 입장을 정당화해주고 강화해주는 언급들을 드러내고 있는 것으로 볼 수 있다. 틸락 역시 그렇게 보고 있다.[14] 그렇다면 틸락은 그 스스로 어떠한 독서법에 의지하여, 종파주의적 해석[我田引水]를 넘어서면서 그의 반론자를 설득코자 하는 것일까?

틸락은 바로 미망사 학파의 저술가들이 하나의 텍스트가 갖는 의미/주제를 판정함에 있어서 의지하는 여섯 가지 기준(ṣaḍvidha liṅga)을 활용한다. 그것은 다음과 같은 미망사 학파의 게송에 잘 드러나 있다.[15]

시작과 맺음, 반복,
새로움, 결과,
설명적 문구 그리고 논박을 특징으로 하여

주제가 확정된다.

1. 시작과 맺음

여섯 가지 기준 중에서 첫째는 시작(upakrama)과 맺음(upasaṃhāra)이다. 이들을 각기 분리하여 헤아리지 않는 것은 이 둘은 서로 짝[16]이 되고 있기 때문이다. 한 텍스트의 주제는 그 텍스트의 시작과 끝을 하나의 선분처럼 일관되게 그려 가는 데에서 파악된다. 시작 부분에서 문제로서 제기된 것을 결론에서 대답함으로써 맺게 되기 때문이다. 그러므로 한 텍스트의 주제를 결정하기 위해서는 처음과 끝을 주목해야 한다는 것이다. 그러한 맥락에서 이 양자를 한 가지로 헤아렸던 것이리라.

먼저 『기타』의 시작과 맺음을 살펴보자. 『기타』의 시작은 제1장이며, 맺음은 제18장이다. 미망사 해석학에 의하면 이들은 매우 중요한 의미를 갖게 된다. 그런데 종래의 해석자/연구자들은 1장에 대해서는 거의 주시하지 않았다. 어쩌면 『기타』 1장의 내용은 판다바(Paṇḍava)와 카우라바(Kaurava) 양측 진영의 주요 지휘관의 이름을 드는 것이 위주가 되어있기 때문인지도 모른다. 그러나 1장은 두 가지 점에서 결코 간과할 수 없는 중요성을 지니고 있다. 하나는 종래 『기타』의 핵심 교설을 파악할 때 크리슈나의 설교 속에서 찾아보고자 애써온 것이 사실이다. 그러나 크리슈나의 설교는 문제에 대한 응답이다. 따라서 응답의 성격을 제대로 파악하기 위해서는 물음의 성격을 정확히 파악하는 것이 무엇보다 중요해진다. 『기타』에서는 바로 1장에서 표명된 아르주나의 회의(懷疑)[17]가 물음이 된다.

크리슈나여, 나는 승리를 열망하지 않으며,
왕국도 쾌락도 [열망하지 않소.]

우리들에게 왕국이, 고빈다여, 무슨 소용이 있으며,
쾌락이나 삶이 무슨 소용이 있겠소?[18]

이러한 아르주나의 회의는 크리슈나의 응답을 이끌어 내는 기능, 즉 불교 해석학(Buddhist Hermeneutics)의 술어를 빌어서 말한다면 바로 발기서(發起序)[19]로서의 기능을 하고 있다. 그런 까닭에 1장은 간과할 수 없는 중요성을 지니고 있는 것이다.

또 1장이 중요한 이유는 하나 더 있다. 『기타』가 애시당초 『마하바라타』의 일부[제6권, Bhiṣmaparvan]로서 그 속에 소속되어 있다가 별행본(別行本)으로 유통되었음은 주지하는 바이다. 따라서 『마하바라타』와의 관련 속에서 『기타』를 읽을 것인가, 아니면 『마하바라타』와의 관련을 배제하고 『기타』를 읽을 것인가 하는 점이 매우 중요하게 된다. 이 문제에 대한 대답의 상위가 곧 『기타』 해석의 상위를 낳았기 때문이다. 틸락에 의하면 『기타』를 『마하바라타』적 맥락과 분리하여 독자적인 텍스트로서 읽으려는 태도가 바로 『기타』를 해탈의 책(mokṣa-śāstra)으로 읽으려는 몸부림과 일맥(一脈)을 이루는 것이고[20], 『마하바라타』의 맥락 속에서 읽게 되면 『기타』의 핵심적 주제가 행위의 길에 있음을 파악할 수 있게 된다는 것이다. 그러므로 틸락은 "『기타』는 『마하바라타』의 부분이어야 한다"고 말한다.[21] 『기타』의 전체적 의미를 이해하려는 데 『마하바라타』와의 맥락이 중요해진다. 바로 그렇게 『기타』를 『마하바라타』의 부분으로서, 그것과 연결지우는 흔적이 바로 1장인 셈이다. 그래서 심층적으로 『기타』를 이해하려고 할 때는 1장이 매우 중요한 의미를 지니는 것으로 나는 평가한다.

다음, 맺음에 대해서이다. 끝은 당연히 그 이전의 모든 논의를 맺는 결론의 제시로 볼 수 있다. 특히 "나는 싸우지 않겠다"고 말하는 아르주나에 대해서 지금까지 크리슈나는 정성을 다하여 간곡하게 설득하였는데, 아르주나는 과연 어떻게 변했을까? 『기타』의 끝은 18장이지만, 1장 1송이 시작 중의 시작이어서 각별히 중요하다[22]고 볼 수 있는 것처럼, 끝의 끝 역시 『기타』의 총결로서 각별한 의미가 있을 것이다. 그런데 『기타』에서 마지막 송은, 그 의미 내용상 18 : 78이 아니라 18 : 73으로 보아야 한다. 왜냐하면 18 : 74 ~ 78은 전장에서 일어나는 상황을 카우라바의 아버지인, 시각장애자 드리타라슈트라(Dhṛtarāṣṭra)에게 전하는 중계자인 산자야(Saṃjaya)의 맺음말일 뿐이기 때문이다. 그러므로 아르주나의 결론을 알 수 있는 18 : 73이 특히 중요하다고 틸락은 말한다. 18 : 73은 다음과 같다.

> 당신으로부터 은총을 [입음으로써] 나는 기억을 얻게 되었으며
> 미혹은 사라졌습니다.
> 오, 불멸자여! 나는 [지혜에] 확고히 서있으며 의혹은 사라졌으니,
> [이제] 당신의 말씀을 행하겠나이다.[23]

이 게송은 『기타』의 본론의 내용을 총괄적으로 요약한 뒤 아르주나의 결심을 선언한 것으로서, 매우 중요하다. 먼저 1장에서 제기된 아르주나의 회의에 대한 크리슈나의 간곡한 응답이 마침내 아르주나로 하여금 회의를 극복케 하고 행위의 길로 떨쳐 일어나게 하였음을 명확히 보여주고 있기 때문이다. 즉 『기타』는 '아르주나의 회의 → 크리슈나의 설득 → 아르주나의 참전 결심'의 구조로 이루어져 있는 것이다. "[이제] 당신의 말씀을 행하겠나이다"라고 그 미래에의 실천을 다짐하는 18 : 73을 근거로, 『기타』의 주제가 행위의 포기를 통한 해탈에 있는 것도 아니고 믿음에 의한 구원에 있는 것도 아니며 행위의 길에 있는 것으로, 틸락은 보고 있는 것이다.[24] S. Tapasyānanda 역시 주제 파악의 방법론으로서 시작(upakrama)과 맺음(upasaṃhāra)의 중

요성을 인식하는 관점에서, 행위에의 참여가 『기타』의 주제라고 보는 틸락의 입장과 마찬가지로 지행회통(知行會通, jñāna-karma-samuccaya)[25]을 말한 라마누자의 해석 역시 이러한 방법론(ṣaḍvidha liṅga)에 부합하는 것이라[26]는 정보를 전해 주고 있다. 이리하여 우리는 범지(梵知)의 획득이나 믿음의 길에 대한 『기타』의 교설에 매몰되어 1장과 18장의 중요성을 망각한 옛 주석들을 비판하는 틸락의 관점[27]에 충분히 공감할 수 있게 된다.[28]

2. 반복

여섯 가지 기준 중에서 둘째는 반복(abhyāsa)이다. 하나의 텍스트 안에서 특별히 자주 반복되는 부분은 그 내용을 강조하는 의미가 있고, 그것은 주제와 관련된다고 볼 수 있다. 『기타』는 1장에서 아르주나의 회의가 문제로서 제기되고, 그에 대한 크리슈나의 응답으로 제시되는 대립/대화의 구조를 띠고 있다. 그럼에도 불구하고 해석자들로 하여금 이 같은 맥락, 즉 아르주나의 회의에 대한 응답으로서의 『기타』라는 기본적 구도(plot)를 망각하게 만든 것은, 그 응답의 내용이 장황하면서 다양한 교설이 설해짐으로써 초점이 흐려졌기 때문일 것이다. 그러니까 이러한 『기타』의 성격이 다양한 해석을 가능케 하였던 것이다.

어쨌든 그러한 교설의 연속에서도 간간이 "일어나 싸워라"는 소리들이 반복된다. 틸락은 바로 그 부분을 정확히 지적해 내고 있는 것이다. 그렇게 반복될 때에는 반드시 접속사 '그러므로(tasmāt)'가 수반된다는 것에 주목한다. '그러므로'는 지금까지의 이야기를 맺으면서 이후의 행위를 불러일으킨다[結前起後]는 의미를 갖는 접속사이다. 따라서 '그러므로'가 들어가 있는 부분은 그 모두 하나의 소결(小結)로 볼 수도 있다. 그렇지만 『기타』에서 출현하는 '그러므로'가 모두 참전을 독려하는 문맥 속에서만 쓰이는 것은 아니다. 지혜의 길이나 믿음의 길을 설할 때에도 소결이 필요하다고 생각되는 부분에서 '그러므로'가 쓰이기 때문이다. 따라서 나는 틸락의 힌트에 의지하여 '그러므로'가 수반되는 문장들의 예를 다시 모아보기로 했다. 틸락이 인용[30] 하지 않은 문장들까지 찾아보았다.

> "그러므로 바라타족의 후예여, 싸워라."[31]
> "그러므로, 쿤티의 아들이여, 전쟁에 참여하려는 결단을 내리고서 떨쳐 일어나라."[32]
> "그러므로 언제나 집착함이 없이 행해져야 할 행위를 행하라."[33]
> "그러므로 그대는 [……] 행위만을 행하여라."[34]
> "바라타족의 후예여, 그대 자신의 지혜의 칼로 [그러한 의심을] 자르고 나서, 요가에 의지하여 일어나라."[35]
> "그러므로 [……] 모든 때에 나를 염(念)하라. 그리고 싸워라."[36]
> "그러므로 그대는 떨치고 일어나서 명예를 얻어라. 적들을 정복하고 나서 완벽하게 왕국을 누려라."[37]

이들은 한결같이 행위의 길을 역설하거나 보다 더 구체적으로 참전을 촉구하고 있다. 틸락이 의지한 미망사 해석학의 이론에 따라서 반복되고 있는 '그러므로'를 눈여겨 살펴볼 때 행위의 요가에 대한 강조를 간파할 수 있게 된다.

그런데 내가 보기에는 '그러므로'의 쓰임도 물론 주의해야겠지만, 그와 함께 중요한 것은 바로 동사의 활용 형태 역시 반복되고 있다는 점이다. 위의 예문에서 모두 명령법(Imperative)이 쓰이고 있다는 점은 주목할 필요가 있다. 위에서 나온 동사를 그 예로서 들면 '싸우다(√yudh)', '일어나다(√sthā)', '행하다(√car)'등이다. 명령법을 통하여 우리는 크리슈나의 응답이 내리는 결론을 알 수 있고, 더 나아가서 『기타』의 주제를 짐작할 수도 있다. 그런 면에서 나는 행위의 길과 관련하여 명령법을 취하면서 쓰인 예문들을 다음과 같이 더 찾아볼 수 있었다.

> 하다(√car) : "쿤티의 아들이여, 집착으로부터 벗어나서 그것(제사 – 인용자)을 목적으로 하는 행위를 실천하라."[38]
> 준비하다(√yuj) : "그리하여 전쟁을 위하여 준비하라."[39]
> 싸우다(√yudh) : "욕망도 갖지 않고, 이기심을 떠나서, 고뇌를 내버린 채 싸워라."[40] "싸워라, 그러면 그대는 전쟁터에서 적들을 정복할 것이다"[41]
> 죽이다(√han) : "강력한 힘을 가진 이여, 욕망의 모습을 가지며, 무찌르기 어려운 적을 죽여라."[42]

이들은 모두 카르마 요가를 역설하는 맥락임을 보여주고 있다. 이렇게 반복을 주목함으로써 카르마 요가 중심으로 『기타』를 보려는 틸락의 해석에 또 하나의 정당성이 부여되었다 할 수 있다. 그러나 지혜의 길과 믿음의 길의 맥락 속에서 접속사 '그러므로'를 포함하고 있는 명령법이나 원망법(Optative) 형태의 동사들을 찾아보는 것도 그리 어려운 일이 아니라고 생각된다. 그렇다면 반복을 주의함으로써 주제를 파악하려는 틸락의 방법론에 하나의 문제가 제기될 수 있겠다. 이에 대한 해결책은 둘이다. 하나는 반복만으로 전체 주제를 결정할 수는 없음을 인정하는 것이다. 틸락도 그것을 의도하는 것은 아니다. 다만 반복이 '시작과 맺음'에 더하여 함께 고려되면 시작과 맺음을 보강할 수 있게 된다는 점이다. 다른 하나는 지혜의 길이나 믿음의 길에서 쓰이는 예문들에 대해서, 후술할 바와 같이 설명적 문구(arthavāda)나 논박의 방법에 의해서 처리하는 것이다. 하여튼 여기까지, '시작 - 중간 - 맺음' 모두 행위를 역설하고 있음을 알게 된다.

3. 나머지 네 가지 기준들

미망사 해석학의 여섯 가지 기준이 모두 말해지고는 있어도 틸락은 이들 '처음 → 반복[중간] → 맺음'에 의지하는 것만으로도 『기타』의 주제가 행위의 길임을 드러내는 데에 아무런 어려움이 없는 것으로 생각하고 있다. 그래서 다음 네 가지에 대해서는 간략히 언급하고 있는 것으로 추정된다.

셋째[43], 새로움(apūrvatā)이다. 새로움은 하나의 텍스트에는 그 이전에는 알려지지 않았던 뭔가 새롭고 특별한 내용이 추가되어 있음[44]을 전제로 하여 제시된 기준이다. 그렇지 않다면 책은 쓸 필요가 없을 것이기 때문이다. 따라서 『기타』에 이르러 새롭게 부가된 내용이 무엇인지를 탐구해 볼 필요가 있다는 것이다. 그리하여 우파니샤드에서 매우 미미하였던 행위의 길이 '새로움'으로 제시되어 있다고 판정된다. 물론 이 경우에도 이 기준만으로는 『기타』의 주제가 행위의 길이라는 결론을 도출하는 것은 무리가 따른다고 보아야 한다. 왜냐하면 『기타』에 비로소 강렬하게 나타나는 새로움으로서, 우리는 믿음의 길 역시 존재함을 알기 때문이다.

넷째, 결과(phala)이다. 하나의 텍스트에 의해서 특별한 결과가 얻어진다면 그 텍스트의 주제를 파악하는 데 그 결과를 고려해야 한다[45]는 것이다. 물론 결과는 맺음/결론과 연관되어 있다. 실제 『기타』에는 드러나지 않지만 『마하바라타』 안에서는 아르주나가 문중의 최고어른인 비쉬마(Bhīṣma)와 동복(同腹)형제인 카르나(Karṇa)[46] 등을 전쟁터에서 살해함을 보여준다. 이러한 동족상잔, 특히 판다바의 동복형제인 카르나의 살해는 『마하바라타』가 갖는 비극적 성격을 그 절정에까지 밀어올리는 것[47]으로 볼 수 있는데, 『기타』에서 설해진 크리슈나의 교설이 아르주나 등 판다바 형제들로 하여금 그 같은 결과를 초래했다 할 수 있다. 이런 맥락에서 볼 때 『기타』에서는 보이지 않는 실제적 결과를 『마하바라타』 속에서 찾아봄으로써, 우리는 『기타』의 교설은 『기타』 이후 부분에서의 참전/동족상잔의 행위라는 결과에 대한 원인으로서 파악할 수 있게 된다.[48] 이러한 이유에서 『기타』를 다시 집어넣어서 읽는 것이 필요하다고 말한 것이다.

다섯째, 설명적 문구(arthavāda, 釋義)이다. 미망사에 의하면, 베다는 명령(vidhi)·만트라(mantra)·명칭(nāmadheya)·금지/금령(禁令, niṣedha) 그리고 설명적 문구로 이루어져 있다고 한다.[49] 이 중에서 중심적인 것은 명령이다. 나머지 만트라·명칭·금지/금령 그리고 설명적 문구는 모두 제사를 행하라는 베다의 명령에 보조적 기능을 하는 것으로 미망사는 말하고 있다. 이 중에서 설명적 문구는 "명령되어야 할 것과 금지되어야 할 것에 대하여 칭찬 혹은 비난을 비유적 표현에 의하여 전하는 것"[50]이다. 주제를 직접적으로 언표하는 것이 아니라 그것을 보조적으로 설명하는 문장들로 생각된다. 틸락은 논증을 보완하기 위해서 행하게 되는 "사례 제시, 토론과정에서의 비교, 일치·유사성 혹은 차이성 보이기, 상대의 잘못 드러내기, 우아하게 묘사하기, 과장, 문제의 전사(前史) 언급하기"[51] 등을 모두 설명적 문구라고 본다. M. M. Deshpande 역시 틸락과 마찬가지로 『기타』를 '아르주나의 회의 대 크리슈나의 응답'구조로 보면서 "그 중간에 일어나는 일들은 무엇이든지 포기하려는 아르주나를 전쟁에 다시금 참여시키기 위한 그 무엇으로서 이해되어야 한다"[52]고 했는데, 바로 '그 무엇'이라는 부분을 우리는 설명적 문구로 보아도 좋을 것으로 생각한다. 주제를 결정함에 있어서 설명적 문구를 배제하는 까닭은 설명적 문구 부분에 집착하여 그 속에서 주제를 찾아서는 안 되기 때문이다. 틸락이 보기에 샹카라나 라마누자는 행위의 포기, 요가 또는 믿음에 근거하여 지혜를 설하는 부분들을 주제로 보고 있는데, 그것들은 모두 행위의 길을 설명하는 보조적인 설명적 문구일 뿐이라는 것이다.

여섯째, 논박(upapatti, upapādana)[53]이다. 논박은 저자가 드러내고자 하는 바와 반대되는 경우를 논박하는 것을 의미한다. '시작과 맺음'이 결정되면, 설명적 문구와 논박에 의해서 그 중간에 끼어있는 부분들을 주제 파악의 결정을 위해서는 제외할 수 있게 된다.

이렇게 틸락은 미망사 학파의 여섯 가지 기준에 입각하여 분석적으로 『기타』를 읽고 있다. 그 결과 『기타』의 주제는 행위의 길 하나에 있다고 주장할 수 있게 되었다. 그가 보기에 전통적 해석들의 주제 파악은 모두가 종파주의적(doctrinal) 아전인수[54]였으므로 그 스스로의 해석은 그같은 오류를 넘어서 있음을 보여줄 필요가 있었다. 그러기 위해서 그는 분석적 독서법에 의지하는 것이 필요했던 것이고, 그것을 미망사 학파의 해석학에서 찾아서 활용하였던 것이다.

Ⅳ. 베단타 해석학에 의지한 상황 분석

틸락은 『기타』 전체가 궁극적으로 말하고자 하는 바가 무엇인가 하는 주제의 파악을 위해 미망사 해석학의 독서법에 의지하였다. 그런데 그의 『기타라하쉬야』에는 또 하나의 중요한 독서법이 적용되어 있으나, 사실 간과하기 쉽게 되어 있다. 바로 베단타 해석학에 의지한 분석이 행해지고 있는 것이다.

앞에서 살펴본 미망사 해석학에 의지하는 것만으로도 『기타』의 주제가 행위의 길에 있음이 확실해 졌다고 생각되는데, 그는 왜 굳이 베단타 해석학에 의지하여 『기타』를 읽고 있는 것일까? 『기타』의 주제가 행위의 길에 있다는 사실을 말하는 데에는 미망사 해석학으로 충분하였으나, 그에게는 또 다른 문제가 남아 있었기 때문이다. "서로 갈등하는 도덕율의 가치가 상대적으로 더 중요하고 덜 중요하다는 상대적 중요성을 결정할 수 있는"[55] 방식이나 관점이 무엇이겠는가 하는 윤리적 선택 상황이 문제로 남아 있었기 때문이다. 어떤 하나의 윤리적 선택 상황을 눈 앞에 두고, 한 행위자가 하나의 행위를 선택한다고 할 때 그러한 선택을 하게 되는 그 이면에는 적어도 세 가지 차원 중 어느 하나에 입각해 있다고 말한다. 그 세 가지 차원을 언급하는 텍스트가 『기타』인데, 베단타 학파의 소의경전(所依經典, prasthāna)이기 때문에 우리는 이 세 가지 차원에 의지하는 해석을 베단타 해석학의 방법이라 부르고 있다. 기실 그것이 베단타적임은 틸락 스스로 분명하게 언급하고 있기도 하다.[56] 이제 이 세 가지 차원에 대해서 좀더 자세히 논의해 보기로 한다.

1. 윤리적 선택의 세 가지 차원

우선 「찬도기야 우파니샤드」[57]에서 그같은 사유가 보이긴 하지만, 세 가지가 아니라 신학적(ādhidaivika) 차원과 형이상학적(ādhyātmika) 차원의 두 가지뿐이었다. 그리고 그 의미 역시 충분히 제시되어 있는 것이 아니다. 우리가 『기타』를 집중적으로 살펴야 하는 것도 그같은 이유에서이다.

『기타』에는 세 가지 차원으로 함께 묶을 수 있는 개념들이 두 가지 형태로 제시된다. 7 : 30에서는 adhibhūta, adhidaiva, adhiyajña의 개념이 나오고 8 : 1에서는 7 : 30의 adhiyajña를 adhyātma로 대체하여 세 가지 개념을 구성한다. 그렇다고 해서 8장에서 adhiyajña 개념이 등장하지 않는 것은 아니다. 8 : 2에서 곧장 adhiyajña 개념이 나오고 있는 것이다. 이들 개념이 과연 무엇을 의미하는지 밝혀 보아야 할 터인데, 우선 7 : 30과 8 : 1을 함께 읽어보기로 하자.

나를 물질의 기체(基體)와 편재하는 신,
또한 제사의 본질이라 아는 자들은

세상을 떠날 때에도 제어된 마음으로
나를 안다.[58)]

무엇이 그 브라만이며, 무엇이 최고의 자아이며,
인간의 으뜸인 자여, 무엇이 행위입니까?
또한 무엇이 물질의 기체라 말해지며,
무엇이 편재하는 신들이라 말해집니까?[59)]

접두어 adhi의 의미에 "위에서(over, above)", "……와 관련하여(with reference to)"[60)]의 의미가 있다는 점과 이들 개념이 윤리적 선택 상황에 있어서 선택의 근거/입각지라는 의미로 쓰이고 있다는 점을 함께 고려하여, 나는 "…… 차원"의 의미로 해석할 수 있으리라 보았다. 세 가지 차원으로 묶어지는 두 가지 용례 중에서 틸락이 선택한 것은 8 : 1의 경우인데, 이들 개념을 올바로 이해하기 위해서 『기타』 안에 주어지는 유사한 개념들과 함께 생각해 볼 필요가 있다. 먼저 그 대비의 결과를 간략히 도표로 나타내 본다.

표 3. 세 가지 차원과 관련된 개념들

7 : 30	8 : 1	8 : 2	8 : 3~4	7 : 5	13 : 1~2	15 : 16~18
	adhyātma		svabhāva			
adhiyajña		adhiyajña	aham	Īśvara		puruṣottama
adhidaiva	adhidaiva		puruṣa	paraprakṛti	kṣetrajña	akṣara
adhibhūta	adhibhūta		kṣara	aparaprakṛti	kṣetra	kṣara

8 : 3~4는 바로 8 : 1~2에서 제기된 개념들에 대한 정의로써 주어져 있는 것인 만큼, 이들 여러 개념을 이해함에 있어서 중요한 실마리가 된다. 그러므로 여기서 8 : 3~4 본문을 읽어볼 필요가 있다.

브라만은 지고의 불멸자이며,
자성은 최고의 정신이라 말해진다.
존재물의 존재를 불러 일으키는 창조력이
행위라고 인식된다.[61]

물질의 기체는 소멸하는 것이며,
편재하는 신은 푸루샤이다.
나는 이 몸 안에 제사를 불러일으키는 힘이다.
사람들 중에서 으뜸인 자여.[62]

여기에는 '브라만'과 '행위'에 대해서도 정의가 내려지고 있으나 그것들은 여기서 편의상 논외로 한다. 먼저 adhidaiva는 푸루샤(puruṣa)라고 하는 정신적 영역을 말한다. 이는 상키야 철학의 개념으로서, 그 대척점에 물질적으로 전변(轉變)하는 것들을 놓아두고서 그것들을 관조하게 된다. 그래서 물질적인 차원을 aparaprakṛti라고 한다면 그것은 paraprakṛti이고, kṣetra라고 한다면 kṣetrajña가 된다. 다만 『기타』 13장의 경우에는 푸루샤와 의미가 동일한 kṣetrajña 개념이 곧 자재신(Īśvara)과 동의어가 되어 있음을 본다. 그러나 7 : 5, 8 : 3~4 그리고 15 : 16~18에서의 정의는 그렇지 않다. Īśvara는 puruṣottama, adhiyajña와 동의어이기 때문이다. 따라서 adhiyajña는 adhibhūta와 adhidaiva를 초월하면서 그것들을 둘 다 포섭하고 있음을 보여준다. 그런데 중요한 것은 틸락이 선택한 세 가지 차원에는 adhiyajña 대신에

adhyātma가 들어 있다는 점이다. 8 : 3에서는 adhyātma를 svabhāva라고 정의했는데, 이는 "개아(jīva)의 형태를 취한 브라만이라"[63]고 말해지고 있음으로 아트만(ātman)과 다른 것이 아니다.

이렇게 볼 때 adhibhūta, adhidaiva 그리고 adhiyajña로 이루어지는 세 가지 차원은 유신론적이라 볼 수 있으며, adhiyajña 대신 adhyātma를 넣어서 이루어지는 세 가지 차원은 일원론적이라 할 수 있을 것이다. 『기타』에는 이러한 두 가지 입장이 함께 어우러져 있는데, 틸락은 유신론적/신학적 측면보다 일원론적/형이상학적 측면을 더욱 중시했던 것으로 평가된다. 그러한 경향은 그가 박티요가에 대해서 무심했던 사실과 궤를 같이하는 것이다. 그러므로 그가 adhidaiva를 신학적 차원이라 했을 때, 그 의미 내용 속에는 adhiyajña의 차원까지 포함되어 있었던 것으로 생각해서 좋을 것이다.

한편 틸락이 지적[64]하고 있는 것처럼, 베단타 해석학의 이들 세 가지 차원, 즉 물리적 차원, 신학적 차원 그리고 형이상학적 차원에 대한 논의는 서양의 실증주의자 콩트(A. Comte, 1798~1857)가 말한 세 가지 단계를 연상시킨다. 콩트는 "모든 인간의 사상은 세 가지 단계, 즉 신학적 단계, 형이상학적 단계, 실증적 단계를 거친다"[65]고 본다. 콩트의 세 가지 단계에는 분명히 신학적 단계를 낮은 단계로 설정하고, 실증적 단계를 높은 단계로 설정하는 위계가 있었던 것이다. 그러나 『기타』 7 : 30이나 8 : 1~4에서는 세 가지 개념 사이의 위계가 분명하게 언급되어 있는 것은 아니다. 다만 7 : 5나 15 : 16~18에서 푸루쇼타마/이슈와라가 물심(物心)의 이원을 넘어서서 그것들을 포섭한다[66]는 점을 생각할 때, 역시 『기타』에서도 세 가지 차원 사이에 위계가 있음이 함축적으로 제시되어 있었던 셈이다. 이러한 위계의 차이를 감안하여 틸락과 콩트의 세 가지 차원/단계를 도표로 나타내면 다음과 같이 된다.

표 4. 틸락과 콩트의 세 가지 차원 비교

	틸락/베단타	콩트
높은 단계	형이상학적	실증적
중간 단계	신학적	형이상학적
낮은 단계	물리적	신학적

이제 틸락과 콩트의 세 가지 차원/단계를 살펴보면 양자는 정반대의 입장을 취하고 있음을 알 수 있다. 콩트가 말하는 형이상학적 단계는 "인간정신의 추상적 개념, 즉 본질과 이성적 형식에 의해 지배되는"[67] 것으로서, 그에 의해서 거부된다. 그는 형이상학적으로 본질을 찾기 보다는 "관찰과 실험을 통해 상이한 여러 사실들을 함께 언급하는 법칙을 찾는다. 절대적 원인 개념은 포기되며 강조점이 사실의 연구와 이 사실들의 계기와 유사라는 관계로 옮겨진다"[68] 이런 입장에서 본다면 틸락의 베단타적 해석학의 입장은 정확히 형이상학적 단계에 해당됨을 알 수 있다. 절대적 원인이라고 하는 형이상학적 본질을 추구하고 있기 때문이다. 그러나 틸락은 형이상학적 차원을 가장 높은 단계로 평가하고 콩트의 제3단계, 즉 실증적 단계를 가장 낮은 단계로 평가한다. 그가 서양 윤리학자들의 입장을 공관(共觀)[69]하면서 제시하는 세 가지 단계를 살펴보면 다음과 같다.

첫째, 물리적 차원(ādhibhautika, positive or materialistic)은 물질세계의 다양한 대상들이 감각기관에 인식되는 그대로 존재한다는 관점이다.[70] 이런 점에서 그것은 실재론적 입장을 띠고 있고, 콩트의 실증주의와도 통하게 된다. 예컨대 태양은 그저 태양일 뿐이다.

둘째, 신학적 차원(ādhidaivika, theological)은 대상들의 뿌리에 있는 것이 무엇인지 고려한다. 예컨대 온갖 삼라만상의 저변에서 신을 보는 입장이다. 이 차원에서는 태양은 그저 물질적 태양이 아니라 태양신이 된다.

셋째, 형이상학적 차원(ādhyātmika, metaphysical)은 감각기관으로 인식 불가능한 정신적 힘/의식의 요인이 있다고 보며, 그것이 인간의 몸에 있는 아트만이라고 본다. 태양과 태양신 사이에는 서로 다르거나 독립적인 신성이 존재하는 것이 아니라 제각기 아트만이 내재되어 있다고 본다. 그런 점에서 태양과 태양신 모두는 아트만으로서 동일하다. 범아일여(梵我一如)는 이러한 차원에서 설해지는 것이다.

2. 물리적 차원과 형이상학적 차원의 대립

이제 이 세 가지 차원에 입각해서 『기타』의 상황, 즉 아르주나가 만난 윤리적 선택 상황과 그에 대한 크리슈나의 응답을 분석해 보기로 하자. 『기타』의 제1장에서 아르주나는 동족상잔의 비극을 정확히 인식한 바탕 위에서 무기를 내버리고 전쟁을 하지 않으려 한다. 이러한 아르주나의 회의에 대하여 제2장부터는 크리슈나의 응답이 제시된다. 이러한 두 가지 입장이 극명하게 제시된 게송이 2 : 3 ~ 4이다.

> 실로 나약해서는 아니되오, 프르타의 아들이여,
> 이[러한 태도]는 그대에게 어울리지 않소.
> 지극히 소심하고 허약한 마음을 내버리고서,
> 파람타파여, [전차석에서] 일어나라.[71]

마두쑤다나여, 어떻게 제가 공양받아 마땅할
비쉬마와 드로나에 대하여
전쟁터에서 화살들로써 맞서 싸우겠습니까?
아리수다나여.[72)]

2 : 3은 크리슈나의 말이며, 2 : 4는 아르주나의 말이다. 참전이냐, 부전이냐 그것이 문제인 상황이다. 이러한 상황들은 그 어느 편을 선택하더라도 나름의 일리(一理)를 상대적으로 확보할 수 있는 것이다. 과연 아르주나는 어떻게 할 것인가? 아르주나가 회의를 버리고 참전하게 되는 것으로 『기타』는 결말을 이루고 있지만, 틸락은 주어진 텍스트로서의 『기타』 본문만을 분석적으로 읽고 있는 것이 아니다. 이러한 상황마저 『기타』가 반영하고 있는 컨텍스트로서 받아들여 분석적으로 고찰하고 있는 것이다. 컨텍스트까지 문제삼고 있다는 그 자체만으로 나는 그의 비범한 해석학적 상상력(hermeneutical imagination)을 높이 평가하고 싶다.

그렇다면 틸락은 과연 그같은 윤리적 선택 상황을 눈앞에 두고, 하나의 행위를 선택함에 있어서 의지해야 할 윤리적 원칙을 무엇이라 말하고 있는 것일까? 이에 대한 해답을 얻기 위해서는 이상의 세 가지 차원을 윤리적 선택 상황 속으로 대입(代入)해 보아야 한다. 그런데 『기타』 해석에 있어서 실제로 대립되는 것은 윤리적 행위의 판단 근거를 내적 양심에서 구하는 신학적 차원을 제외하고 나머지 두 차원이다. 즉 물리적 차원과 형이상학적 차원이다. 과연 바람직한 윤리적 행동은 어떤 관점에 입각하여 선택되어야 하는 것일까?

먼저 물리적 차원에 입각한다면 "어떤 특정한 행동의 선 또는 악은 실제로 우리 눈에 보이는 그리고 우리가 할 수 있다는 그 외부적인 결과에 대해서만 고려함으로써 결정되어야만 한다"[73]고 보게 된다. 이러한 입장은 행위의 윤리성 결정 근거를 외부의 결과적인 행복에서 찾는 것인데, 그러한 점에서 서양 윤리학의 공리주의(公利主義, utilitarian theory)와 상통한다. 실증적 단계/물리적 차원은 공리주의와 맥락이 닿게 되는 것이다. 콩트, 스펜서(H. Spencer, 1820~1903) 그리고 밀(J. S. Mill, 1807~1873) 등이 이러한 관점을 취하고 있으며, 인도철학사에서는 유물론 철학인 차르와카(Cārvāka)가 이러한 입장을 취하게 된다. 『기타』 16 : 13~18에서는 이러한 물리적 차원에 놓여있는 사람들의 의식과 행동을 보여주고 있는데, 아르주나의 고뇌와 가장 직접적으로 관련된 게송은 이들 중에서도 16 : 14이다.

> 이 적은 나에게 죽었고
> 저 적 역시 나에게 죽을 것이다.
> 나는 자재자이고, 나는 향수자이다.
> 나는 성공했고, 강하며, 행복하다.[74]

이 게송은 마치 이슈와라(Īśvara, 自在神)의 노래인 것처럼 보이지만, 16 : 15에는 이러한 내용들이 무지에 의해서 미혹된 자들의 생각임이 지적되어 있다. 그러니까 아르주나가 참전 여부에 대하여 회의하고 있는 것은 저기 맞은 편에 서있는 적들이 사실은 친인척들이며, 전쟁에 참전하게 된다면 내가 저 친인척들을 죽이게 되리라는 점 때문이었다. 정히 "이 적은 나에게 죽었고, 저 적 역시 나에게 죽을 것이다"라는 의식 때문에 아르주나는 회의하고 있는 것이다. 아르주나는 전쟁으로 야기될 결과를 문제삼으면서, 그것이 "최대 다수의 최대 행복"이라는 공리주의의 원칙에 부합하지 않는 것으로 말하고 있었다.

그런데 이러한 공리주의의 원칙은 아르주나의 회의에 대해서만이 아니라 크리슈나의 응답 논리에도 적용 가능하다는 점이 간과되어서는 안된다. 물리적 차원에서 "만약 바라타의 전쟁에서 그대가 승리하는 결과로서 그대가 최대 다수의 최대 행복을 가져오게 된다면, 그대는 비록 비쉬마를 죽이게 되더라도 싸우는 것이 그대의 의무이다"[75]라고 말하는 것도 가능하기 때문이다. 이러한 판단에는 미래에 올 수 있는 현상 이외에, 그 어떤 형이상학적 근거도 없다. 전쟁의 결과 선한 사람이 구제되고 악행이 소멸되며, 또 정의가 확립되어서[76] 최대 다수에게 최대 행복을 초래하는 것으로 볼 수 있는 것이다. 그러므로 전쟁에서의 살인도 불사할 수 있는 것 아닌가 라는 것이 크리슈나의 입장이다. 그렇기에 이러한 생각을 하는 크리슈나에게 아르주나의 회의는 바보같은 것[77]으로 인식되고 만다. 틸락의 경우, 아르주나의 회의를 감안하지만 그 역시 그러한 회의에 대한 응답/비판으로서 제시되는 크리슈나의 논리를 더욱 돋보이게 하기 위하여 활용했을 뿐이었다. 그러므로 아르주나의 회의는 다만 비판/극복되는 것이 당연하다고 본다.[78] 틸락이 이러한 물리적 차원에서의 윤리적 고려를 낮은 차원으로 비판하게 되는 것도 그러한 까닭에서이다. 이는 그의 해석이 『기타』를 베단타의 입장에서 해석하고 있기 때문이다.

공리주의적 관점에서 이루어진 아르주나의 회의에 대하여 『기타』 16 : 19~24에서는 그것이 물리적 차원에 의지하고 있다고 보면서 그러한 사람들은 "아수라의 자궁들 속으로"[79] 들어가는 파멸을 맞이할 뿐이라 비판하고 있다. 그런데 『기타』의 비판은 한 걸음 더 나아간다. 그것은 곧 형이상학적 입장에서 행해진 비판을 요청하는 것인데, 공리주의적 관점에서 공리주의적 관점을 비판하는 것에는 어떤 문제가 있었기 때문이리라. 공리주의적 관점에서는 아르주나의 회의가 장래에 최대 다수에게 최대 행복을 가져다 줄 것인가, 아니면 크리슈나의 설득 논리가 최대 다수에게 최대 행복을 가져다 줄 수 있을 것인가, 어느 쪽 판단이 옳은가 하는 점이 문제된다. "신이 아닌 이상 어떠한 행동이 공리적인 입장에서 본 가장 좋은 결과를 가져오는 행동인지를 측정할 수 있는 사람은 아무도 없다"[80]라고 말할 수 있기 때문이다. 비록 『기타』의 크리슈나가 신이라고 하더라도 마찬가지다. 역시 그러한 공리주의가 갖는 문제점으로 인하여 형이상학적 근거를 다시 더 구하게 되지 않을 수 없는 것이다.

아르주나의 회의에 대하여 형이상학적 비판이 가장 분명하게 제시된 것은 『기타』 2 : 11~30에서인데, 그 중에서 2 : 19를 읽어보자.

> 그를 살해하는 자라 아는 자,
> 그가 살해되는 자라고 생각하는 자,
> 그 양자는 [진리를] 알지 못하는 자들이다.
> 그는 살해하는 자도 아니고 살해되지도 않는다.[81]

앞서 살펴본 『기타』 16 : 14에서는 적이 실재(實在)하고, 적을 죽이는 나의 행위도 실재한다. 그것은 틸락이 의지하는 베단타 해석학의 용어로 말하면 물리적 차원이고, 콩트의 윤리학적 입장에서 말하면 실증적 단계를 나타내는 것이었다. 그리고 그러한 입장은 『기타』 2 : 19와 대비할 때 정면에서 상반됨을 알게 된다. 왜냐하면 『기타』 2 : 19는 결코 죽지 않는 영원한 생명을 말하고 있기 때문이다. 그렇다면 실로 "태어나지도 않았으며, 항상하고, 영속적이며, 태초부터 있었던 것"[82]은 무엇인가? 바로 아트만이다. 따라서 『기타』 2 : 19는 베단타 해석학의 용어로 말하면 자아(adhyātma)의 차원, 즉 형이상학의 차원을 말하는 것이다. 콩트의 용어로서도 역시 형이상학적 단계에 해당된다. 다만 콩트는 신학적 단계는 물론이고 형이상학적 단계 역시 극복되어야 할 것으로 보고 있음에 반하여, 『기타』와 틸락은 형이상학적 단계에 의지해야 한다고 주장한다. 형이상학적 입장에서 실증적 단계/물리적 차원의 공리주의적 입장을 비판하고 있는 것이다. 크리슈나(『기타』의 本意) 역시 아트만의 영원성이라는 형이상학적 입장에서 그러한 공리주의적 입장을 비판하고 있기 때문이다.

그렇다면 『기타』는 "도덕적으로 옳은 행위는 그 행위의 결과와는 아무런 상관없이 무조건 행해야 한다"[83]고 하는 칸트(I. Kant, 1724~1804)의 의무주의(deontological theory)의 입장을 내보이고 있는 것일까? 칸트의 의무주의에서는 무조건 어떤 행위를 행해야 하는 근거로서 이성의 존재를 인정하고 있는 것처럼, 의무주의는 형이상학적 근거를 구하게 된다. 그와 마찬가지로 아트만의 존재를 인정하는 형이상학을 갖고 있는 『기타』는 다시 윤리학의 관점에 서게 될 때, 그 윤리적 행위의 근거로서 다르마(dharma)라고 하는 또 다른 원리를 갖고 있음을 보여준다. 그렇기에 『기타』 2 : 47에서는 다르마의 유지를 위하여 "행위의 결과를 [행위의] 원인으로 삼지 말라"[84]고 말하는 것이다. 다시 3 : 30을 읽어보자.

> 나에게 모든 행위를 내버리고서
> 지고의 자아에 대한 생각을 가지고
> 욕망도 갖지 않고 이기심을 떠나서
> 고뇌를 내버린 채 싸워라.[85]

여기서 말하는 "욕망도 갖지 않고 이기심을 떠나서"라는 말의 의미는 공리주의적 윤리를 포기하라는 의미이다. 그런데 『기타』의 의무주의를 간드의 그것과 대비하면 칸트의 의무주의가 보편성에 입각하고 있음[86]에 반하여, 『기타』의 카르마 요가에서 볼 수 있는 의무주의는 계급적 특수성에 기반하고 있다는 점에서 문제를 갖고 있음을 간과해서는 안 된다. 『기타』의 다르마 자체는 순전한 보편성만으로 구성된 것이 아니라는 점이다. 카스트 제도의 인정 등과 같이 특수성[87]의 부분이 있는데, 그럼에도 불구하고 그러한 다르마를 결과에 대한 고려없이 의무주의적으로 행한다고 하는 점은 문제가 아닐 수 없는 것이다.

뿐만 아니라 "아트만은 영원하다"라는 명제 역시 보편성의 차원에서만이 아니라 특수성의 차원에서도 적용되고 있다. 만약 "아트만은 영원하다"라는 명제가 다만 형이상학적 차원에서만 말해진다고 한다면, 비록 우리가 그러한 형이상학에 대해서 동의를 하든지 하지 않든지 상관없이 그 나름의 의미를 부여해 줄 수 있을지도 모른다. 인간의 신성이나 인간의 초월적 평등성을 말하는 차원이라면 말이다. 그러나 그러한 형이상학이 윤리적 차원에서 적용되어서 "아트만은 영원하다. 그러므로 적을 죽이더라도 실제로는 아트만을 죽일 수 없으므로, 적을 죽인 것이 아니게 된다"고 하는 입장을 취하게 된다는 것은 문제가 있는 것으로 나는 본다.

이렇게 볼 때 틸락 역시 『기타』에 보이는, 혹은 베단타 철학 전체에 보이는 형이상학적 윤리학의 입장을 충실히 잇고 있는 것으로 볼 수 있다. 틸락은 이러한 물리적 차원이 형이상학적 근거를 구하지 않는 것은 문제라는 입장이었다. 그러나 오늘날의 입장에서 본다면 오히려 형이상학에서 윤리학의 근거를 찾는 것이야말로 비판의 여지가 있음은 물론이다. 우리 인간이 아트만으로만 이루어진 존재가 아니라 몸 역시 소유하고 있는 존재라는 점을 생각할 수 있다면, 몸을 배제하고 인간을 아트만으로만 이해하는 형이상학적 차원에 서는 것은 현실세계 안에서의 행위를 윤리적으로 오도할 수 있다[88]고 본다. 굳이 공리주의적 윤리는 아니라 하더라도 우리가 다시금 물리적 차원, 아니 현실적 차원에서 그 결과나 행위의 이익 등을 세밀하게 고려하지 않으면 안 되는 이유라고 생각된다.

V. 독서법, 주제분석과 상황분석

틸락의『기타 라하쉬야』는 전통적 주석에 대한 비판을 통하여 그와 다른 그 자신의 새로운 해석을 제시한 저술로서 매우 정밀한 학문적 분석이 행해져 있는 대저(大著)이다.『기타 라하쉬야』에 나타난『기타』해석의 태도를 독서법의 차원에서 살펴볼 때, 텍스트를 치밀하게 분석적으로 읽고 있는 분석적 독서법을 취하고 있는 것으로 생각된다.

이를 통하여 틸락은 아직도 뿌리 깊은 권위를 갖고 있는 전통적 주석들의『기타』이해, 즉 지혜의 길이나 믿음의 길에 의한 해탈의 추구야말로『기타』의 주제라는 입장을 불식하고 행위의 길이 진정한 주제임을 제시한다. 이것이 그의『기타 라하쉬야』에 높은 학문성을 부여하게 된 이유이며, 또한 그가 분석적 독서법을 선택하게 된 동기라고 나는 생각한다. 이러한 분석적 독서법에서 그가 의지하는 것은, 인도 해석학(Indian Hermeneutics)의 양대산맥이라 할 수 있는 미망사와 베단타 학파이다. 미망사 해석학에 의지해서는 주제를 분석하고, 베단타 해석학에 의지해서는 상황을 분석해 간다.

첫째 미망사 해석학에 의지하는 주제 분석이다. 틸락이 무엇보다도 힘주어서 논증하고 있는 것은『기타』의 주제가 무엇이냐 하는 점이다. 종파주의적 입장에서 행해진 주제 파악을 넘어서기 위해 그가 의지한 것은 베다에 대한 해석학 이론을 개발한 미망사학파의 여섯 가지 기준(ṣaḍvidha liṅga)이다.

즉 시작과 맺음, 반복, 새로움, 결과, 설명적 문구 그리고 논박 등을 기준으로 텍스트의 주제를 결정해 간다. 그 중에서도 특히 시작과 맺음 그리고 중간에 행해지는 반복[시작 → 반복 → 맺음]을 주목함으로써 『기타』의 주제는 행위의 길에 있다고 말한다.

둘째, 베단타 해석학에 의지한 상황 분석이다. 틸락이 분석한 것은 『기타』라는 텍스트 그 자체만이 아니다. 『기타』에서 제기되는 윤리적 상황, 즉 컨텍스트마저 분석의 대상으로 삼는다. '아르주나의 회의 vs 크리슈나의 응답'이 『기타』를 구성하는 구조(plot)라고 할 때, 여기에는 "부전(不戰)/비폭력이냐, 참전/폭력 용인이냐"라고 하는 윤리적 선택 상황이 있다. 이러한 윤리적 선택 상황에 놓여있을 때, 어떤 입장에 근거하여 우리가 윤리적 결단을 내려야 할 것인지를 묻는다. 그것은 우파니샤드와 『기타』, 다시 말하면 베단타 학파의 해석학이 제시하고 있는 세 가지 차원, 즉 물리적 차원, 신학적 차원 그리고 형이상학적 차원 중의 어느 하나를 선택할 수밖에 없게 된다.

아르주나의 회의는 물리적 차원이 개재(介在)되어 있고, 크리슈나의 응답에는 형이상학적 차원이 개재되어 있다는 것이다. 이 중에서 틸락은 물리적 차원을 낮은 차원으로 비판하고 형이상학적 차원에 입각해야 한다고 말하고 있으므로, 우리는 그의 입장이 『기타』의 정통 교설, 즉 크리슈나의 입장과 다르지 않음을 알 수 있는 것이다. 물리적 차원은 다시 공리주의 윤리와 연결되는데, 그에 대한 비판 역시 형이상학의 근거를 갖는 의무주의에서 이루어졌음을 살펴보았다. 그러나 형이상학에 근거한 윤리학이라는 점은 틸락이나 『기타』(=베단타)의 형이상학이 보편적이지 않다는 점을 나타내는 것이라고 보아서, 나는 그 한계를 비판해 보았다.

이러한 틸락의 분석적 독서법은 텍스트에는 엄연히 의도가 있으며, 독자 이전에 그렇게 선험적으로 존재하는 텍스트의 의도를 복원·재구성해 가는 것이야말로 해석자가 취해야 할 태도라고 생각하는 것이다. 이러한 입장은 '저자의 의도'를 복원/재구성하는 것으로서 해석의 궁극적 목표로 삼았던 근대 서양 해석학의 아버지 쉴라이에르마허(Schleiermacher, 1768~1834)와 그를 이은 딜타이(W. Dilthey, 1833~1911)의 '텍스트 중심 해석학'의 태도와 정확히 일치한다. 물론 그의 삶 속에서『기타』를 해석하는 지평으로서의 컨텍스트가 없지 않았으리라 보이지만, 실제 『기타 라하쉬야』에는 반영되지 않는다.

그것은 저술 장소가 감옥이라는 현실적 제약에서만 찾아지는 것은 아니다. 오히려 그 이상으로 그 자신의 해석학적 태도가 그러했던 것이다. 그는 그의 실천지평을 텍스트에 부여하지 않아도 텍스트의 의도만 정확히 분석·추출할 수 있다면 『기타』의 카르마요가로부터 영국 제국주의의 지배에 대한 저항 의욕을 자극/촉구할 수 있는 원리를 구할 수 있다고 보았다. 『기타』 자체가 행위의 길, 즉 "싸워라"는 명령을 제시하는 것을 궁극적 의도/목표로 삼고 있다고 보았기 때문이다. 이를 위해 특히 그는 미망사 해석학에 많이 의지하고 있었던 것이다.

| 주 |

1 불교 역시 해석학 전통을 강하게 나타내 보인다. 그러나 예컨대 대승불교가 초기 불교에 대한 재해석이라고 하더라도, 그 저술 형식은『아함경』에 대한 주석서로서 등장하는 것이 아니라 새로운 대승경전의 창조로 나타났다는 차이가 있다. 이 점은 불교의 경우 정통 인도 종교보다 원전의 구속성이 약했음을 의미하는 것일 수도 있겠다. 원전의 구속성과 새로운 창조적 해석의 긴장관계에 대한 힌두교(미망사) 해석학과 불교해석학의 대비는 김호성 2009a, pp. 21～59, 참조.

2 木村文輝 1998, p. 219. 그러나 샹카라는『기타』를 "베다의 의미의 핵심을 포괄하는 것"(vedārthasāra-saṃgraha)으로 보았다. A. G. Krishna Warrier 1983, p. 3.

3 독서법은 보다 구체적으로는 텍스트를 해석해 가는 방법을 말한다. 한 해석자가 과연 어떤 방법으로 하나의 텍스트를 읽고 이해하고 있는가 하는 점을 나는 '독서법'이라는 용어를 통하여 살펴본다. 이는 분명 방법론에 대한 연구이지만, 독서법 그 자체는 '방법'이라는 개념에 보다 가깝다. 물론 독서법과 방법론의 개념 차이가 확연히 구별되지 않음을 D. C. Hoy는 이렇게 말하고 있다. "방법에 대한 논쟁은 독서법의 논쟁이나, 다른 '접근 방법들'의 장점에 관한 논쟁도 포함한다. 반대로 방법론의 논쟁은 더욱 추상적이고 철학적이지 않으면 안 된다. 방법론은 인식론이나 이해의 이론 차원에 속한다. 이들 두 가지 차원의 논쟁은 서로 밀접하게 관계되기 때문에 쉽게 구별되지 않는다" D. C. Hoy 1988, p. 134.

4 실천적 독서법은 컨텍스트에 입각하여 텍스트를 읽어가는 것을 말한다. 실천적 독서법이 무엇인지에 대해서는 김호성 1998a, pp. 159～163, 참조. ; 김호성 2009a, pp. 130～138, 참조. 마하트마 간디의 독서법은 사실 다양하지만, 그 안에서 실천적 독서법이 가장 중요한 측면을 이루고 있다. 이에 대해서는 김호성 2005a, pp. 194～203, 참조. ; 김호성 2009a, pp. 159～170, 참조.

5 우리에게는『기타 라하쉬야』는 물론, 틸락의 전기적 삶에 대한 정보 역시 거의 알려진 바 없다. 내가 읽은 그의 전기는 D. V. Tahmankar 1956.이다. 우리의 일천한 인도학 연구의 역사에도 그 원인의 일단이 있겠으나, 틸락의 삶과 사상 그 자체에 '자기/자기시대'를 넘어설 수 없는 한계가 있었기 때문이라고 나는 생각한다. 지금도 대중들 사이에서 끊임없이 읽히고 있는 간디의 경우와 대비해 보면 그 이유

를 느낄 수 있으리라 본다. 이 연구 역시 그 이유에 대한 대답의 하나를 제시하게 될 것이다.

6 S.P. Agarwal 1997, p. 191.

7 *The Arctic Home in the Vedas*(1903) ; *The Orion or Researches into The Antiquity of the Vedas*(1893) 등이다.

8 D. V. Tahmankar 1956, p. 327.

9 과목은 하나의 텍스트를 부분부분 분절(分節)해 가면서 이해하는 불교해석학의 한 방식이다. 그 부분부분에 대한 이해를 도표로 제시함으로써, 전체/종합과 부분/분석의 해석학적 순환(hermeneutical circle)의 의미가 있다. 과목을 다르게 설정한다는 것은 자기 철학의 제시가 없으면 불가능하므로, 과목은 자기 철학의 제시를 가능케 하는 해석학적 장치들(hermeneutical devices) 중의 하나가 된다. 과목의 해석학적 의미에 대해서는 김호성 2009a, pp. 84～97, 참조.

10 혼돈의 우려가 없지 않으나, 『기타 라하쉬야』와 그 일부인 「기타 라하쉬야」는 구분되어야 한다.

11 이 「부록」에서 굳이 누락된 것을 찾는다면 The Gītā and The Rāmāyaṇa(『기타』와 『라마야나』) 정도일 것이다. 이 누락된 테마를, 16세기 북인도에서 재창작/번안된 툴라시(Tulasī, 1523～1623) 의 『라마야나』를 중심으로 보충한 것이 S. P. Agarwal 2000.이다.

12 B. G. Tilak 2000, p. 865.

13 간디의 『기타』에 대한 저술들은 대중적이라는 점에서 틸락의 그것과는 대조적이다. 간디의 『기타』 저술에 보이는 대중적 성격에 대해서는 김호성 2005a, pp. 181～189, 참조. ; 김호성 2009a, pp. 147～156, 참조.

14 B. G. Tilak 2000, p. xxvii.

15 "upakramopasaṃhārāv abhyāso 'pūrvatā phalam, arthavādopapattī ca liṅgaṃ tātparya-nirṇaye." B. G. Tilak 2000, p. 30. 이는 샹카라가 우파니샤드를 해석함에 있어서도 활용되었던[G. R. Pandey 1998, pp. 30～31, 참조.]만큼 상당히 "보편적으로 받아들여졌던 해석의 전범"[S. Adidevānanda, p. 38.]이었다. 또 K. S. Murty 1993, pp. 23～24, 참조.

16 다른 경우는 모두 단수 주격이 쓰였지만, "시작과 맺음"만이 양수(兩數) 주격으

로 쓰였다.

17 종래의 연구자들은 1장에서 서술되는 아르주나의 부전(不戰)에 대한 의지를 "절망/낙담"으로 이해해왔다. "절망/낙담"은 심리적인 차원이다. 그러한 심리적 차원은 아르주나에 대한 표층적 이해이고, 그 밑바닥의 심층에서는 윤리적인 차원이 있다. 나는 이렇게 보기 때문에 아르주나의 부전에 대한 의지를 "회의"라는 윤리적 차원의 술어를 써서 파악하고 있다. 아르주나의 회의와 그 의미에 대해서는 김호성 2003, pp. 465~470, 참조.

18 "na kāṅkṣe vijayaṃ, Kṛṣṇa, na ca rājyaṃ sukhāni ca / kiṃ no rājyena, Govinda, kiṃ bhogair jīvitena vā//" BG 1 : 32.

19 하나의 텍스트에서 서론 부분이라 할 수 있는 서분(序分)에는 존경과 귀의를 표명하는 귀경서(歸敬序)와 문제를 제기하는 발기서(發起序)가 있다.

20 B. G.Tilak, p. 725.

21 위의 책, p. 720. 틸락과 간디는 공히 『기타』를 『마하바라타』 속으로 재편입해서 읽을 필요가 있다고 본다. 그러나 그 이유는 다르다. 그렇게 함으로써 틸락은 『기타』가 전쟁을 회의하는 아르주나의 회의에 대해서 참전/행위를 촉구하는 텍스트로 파악함에 대하여, 간디는 그렇게 함으로써 『마하바라타』 말미에서 설해지는 전쟁의 무상함이나 폐해를 설하는 언급으로부터 『기타』의 주제가 폭력이 아니라 비폭력임을 입증하려는 것이었다.

22 시작이 전체 텍스트의 주제를 결정하는 데 결정적으로 중요하다면, 시작 중에서 시작인 1 : 1에서 『기타』의 의미를 추적해 볼 수도 있을 것이다. 실제 S.Anand 1985, pp. 175-183.에서는 1 : 1을 분석함으로써 『기타』의 전체 주제가 행위의 길에 있음을 논하고 있다.

23 "naṣṭo mohaḥ, smṛtir labdhāt vat-prasādān mayā 'cyuta, sthito 'smi gata-sandehaḥ, kariṣye vacanaṃ tava." BG 18 : 73.

24 B. G. Tilak 2000, pp. 35~36. 문헌 해석으로 시종할 뿐 텍스트 자체의 윤리적 입장에 대한 정당성을 거의 묻지 못하는 철학의 빈곤을 보이는 일본학계에서는 드물게도 湯田 豊은 틸락이나 김호성 2000a에서 행한 나의 관점과 동일한 관점에서, 『기타』의 중심 메시지가 "아르주나의 전투에의 참가 및 적의 살해의 정당화에 있다"[湯田 豊 1996, p. 623.]고 본다. 그런 점에서 "우파니샤드에 있어서나 마찬가지로 『기타』에 있어서도 윤리(moral)는 존재하지 않는다. 『기타』에 있어서

중요한 것은 윤리가 아니라 오히려 지식이고, 사랑이고 그리고 신의 의지이다"(p. 621)라고 비판한다. 내가 『기타』의 윤리적 입장을 비판하는 것과 같은 맥락이다. 다만 나는 아르주나의 설득 논리에 대한 비판을 행하면서도 카르마 요가의 무소구성(無所求性), 비이기성(非利己性)에서 사회윤리적 실천의 근거를 찾으려고 하는 점에서 湯田 豊과는 차이가 난다. 어쩌면 그가 『기타』의 본래 의미에 더 가깝고(그래서 더 절망적이고), 나는 『기타』의 의미를 보다 새롭게 천착, 의미 부여를 하고 있는지도 모르겠다.

25 '회통'에서 '회'는 '수도 서울'이라는 의미가 있다. 서울에서는 다 만날 수 있다. 비록 출발지가 다르고, 서울로 올/갈 때까지의 길이나 수단/교통편이 달랐다고 하더라도 말이다.

26 S. Tapasyānanda, p. 38. 또 '시작과 맺음'에 의해서 『기타』의 주제를 해석하려는 라마누자의 입장은 그의 『기타 바쉬야』 2 : 10에서 확인할 수 있다. 같은 책, p. 60, 참조.

27 B. G. Tilak 2000, p. 38. 라마누자는 샹카라에 비하면 행위의 길에 대하여 온당한 평가를 내리고 있다. 그럼에도 불구하고 틸락이 라마누자를 비판하고 있는 것은 행위일원론을 주장하는 그의 관점에서 볼 때, 믿음을 중심으로 행위를 포용하려는 라마누자의 포용주의적 태도가 불만족스러웠기 때문인 것으로 판단된다. 이는 또 다른 글을 준비해야 할 주제이다.

28 이렇게 틸락은 『기타』의 주제를 '행위의 길' 하나라고 평가하는 행위일원론의 입장을 내세우고 있다. 이에 대하여 간디는 세 가지 길의 회통/일치를 설하는 삼도회통론(三道會通論)의 입장을 취하고 있다. 나는 삼도회통론의 입장에 동의하는데, 그같은 맥락에서 18 : 73이 다시금 재해석될 수 있다.

29 김호성 2000a, p. 83.

30 B. G. Tilak 2000, p. 36.

31 "tasmād yudhasva Bhārata." BG 2 : 18.

32 "tasmād uttiṣṭha, Kaunteya, yuddhāya kṛta-niścayaḥ," BG 2 : 37.

33 "tasmād asaktaḥ satataṃ kāryam karma samācara." BG 3 : 19.

34 "kuru karm 'aiva tasmāt tvam." BG 4 : 15.

35 "chittv 'ainaṃ saṃśayaṃ yogam ātiṣṭhottiṣṭha, Bhārata." BG 4 : 42.

36 "tasmāt [……] mām anusmara yudha ca" BG 8 : 7.

37 "tasmāt tvam uttiṣṭha, yaśo labhasva, jitvā śatrūn bhuṅkṣva rājyaṃ samṛddham." BG 11 : 33.

38 "tad-arthaṃ karma, Kāunteya, mukta-saṅgaḥ samācara." BG 3 : 9.

39 "tato yuddhāya yujyasva" BG 2 : 38.

40 "nirāśīr nirmamo bhūtvā yudhyasva vigata-jvaraḥ." BG 3 : 30.

41 "yudhyasva, jetāsi raṇe sapatnān" BG 11 : 34.

42 "jahi śatruṃ, Mahābāho, kāmarūpaṃ durāsadam." BG 3 : 43.

43 여섯 가지 기준들 중에서 셋째라는 말이다. 이하 같다.

44 B. G. Tilak 2000, p. 31.

45 상동.

46 비쉬마는 판다바와 카우라바 사촌 형제들의 할아버지의 형님이고, 카르나는 판다바의 어머니 쿤티(Kunti)가 판다바의 아버지인 판두와 결혼하기 전 바라문이 전해준 주문을 시험해 보다가 얻은 아들이다. 강물에 띄워보내진 비극의 기아(棄兒)였다. 그로 인한 원한 때문에 카우라바 측의 장수가 되어서 어머니·형제들과 적대한다. 『마하바라타』의 내용에 대한 개략적 해설로는 이재숙 2001, pp. 149~170, 참조.

47 德永宗雄 2002, pp. 155~169, 참조.

48 여기서 우리는 『기타』의 교설이 함축하는 폭력 용인/폭력성을 볼 수 있거니와, 틸락은 그것을 있는 그대로 받아들이면서, 바로 그렇기 때문에 영국 제국주의자들을 물리치는 것이야말로 크리슈나의 가르침을 실천하는 것이라는 의미를 전하고자 한 것으로 볼 수 있다. 나는 행위의 길을 역설한 틸락의 노력에는 일정 부분 공감하면서도, 행위의 길이 폭력으로까지 나아가는 것을 용인하는 태도[물론 『기타 라하쉬야』의 표층에는 나타나지 않는다]에는 비판적인 입장이다.

49 *Arthasaṃgraha* 11. 湯田 豊 1992, p. 282. 재인용. 종래 arthavāda를 석의(釋義)라고 주로 옮겼으나, 그 의미가 잘 파악되지 않는 문제가 있었다. 湯田 豊에 따라서 '설명적 문구'로 옮긴다.

50 *Arthasaṃgraha* 75. : 湯田 豊 1992, p. 320.

51 B. G. Tilak 2000, p. 31.

52 M. M. Deshpande 1995, p. xvi.

53 박효엽은 upapatti를 '논의'라 옮긴다. 박효엽 2012, p. 58.

54 B. G. Tilak 2000, p. 33.

55 위의 책, p. 102.

56 위의 책, p. 130.

57 CU. I.5.2~3.

58 "sādhibhūt 'ādhidaivaṃ māṃ sādhiyajñaṃ ca ye viduḥ, prayāṇakāle 'pi ca māṃ te vidur yukta-cetasaḥ." BG 7 : 30.

59 "kiṃ tad brahma, kim adhyātmaṃ, kiṃ karma, Puruṣottama, adhibhūtaṃ ca kiṃ proktam, adhidaivaṃ kim ucyate." BG 8 : 1.

60 V. S. Apte 1998, pp. 60~61.

61 "aksaraṃ brahma paramaṃ, svabhāvo 'dhyātmam ucyate, bhūta-bhāv 'odbhava-karo visargaḥ karma-saṃjñitaḥ." BG 8 : 3.

62 "adhibhūtaṃ kṣaro bhāvaḥ, puruṣaś c'ādhidaivatam, adhiyajño 'ham ev'ātra dehe, dehabhṛtāṃ vara." BG 8 : 4.

63 S. Radhakrishnan 1976, p. 227.

64 B. G. Tilak 2000, pp. 85~86, 참조.

65 A. Swingewood 1994, p. 54.

66 이러한 입장은 철학적으로는 유신론적인 특성을 갖는 초기 상키야사상에 해당된다.

67 A. Swingewood 1994, p. 55.

68 상동.

69 인도철학에서 제기되는 동일한 문제를 다루고 있는 서양철학 내지 서양윤리학

의 논의를 같은 장(場) 속에서 함께 고려한다는 공관의 방법을 틸락이 취하고 있다는 점은 방법론의 입장에서 볼 때, 매우 높이 평가되어야 할 것으로 본다. 인간의 삶에 대한 고뇌는 동일하기 때문에, 그 동일한 문제에 대해서 상이한 해답을 함께 고려하는 것은 해답의 적실성/보편성을 높여주리라 생각되기 때문이다.

70 B. G.Tilak 2000, p. 84.

71 "mā klaibyaṃ gaccha, Kaunteya(klaibyaṃ mā sma gamaḥ, Pārtha), n'aitat tvayy upapadyate, kṣudraṃ hṛdaya-daurbalyaṃ tyaktv'ottiṣṭha, Paraṃtapa." BG 2 : 3. ( ) 속 부분이 유포본이고, ( ) 앞 부분이 Bhāskara본이다. Bhāskara본은 R.N.Minor 1982.에 따른다. 판본의 차이에도 불구하고 그 뜻은 같다.

72 "kathaṃ bhīṣmam ahaṃ saṃkhye droṇaṃ ca madhusūdana / iṣubhiḥ pratiyotsyāmi pūjārhāv, Arisūdana//" BG 2 : 4.

73 B. G. Tilak 2000, p. 103.

74 "asau mayā hataḥ śatrur, haniṣye c'āparān api, īśvaro 'ham, ahaṃ bhogī, siddho 'haṃ balavān sukhī." BG 16 : 14.

75 B. G. Tilak 2000, p. 116.

76 "선한 사람들의 구제를 위하여, 악행들의 소멸을 위하여 / 또한 정의의 확립을 위하여, 나는 모든 유가들마다 출현한다.(paritrāṇāya sādhūnāṃ vināśāya ca duṣkṛtām, dharma-saṃsthāpan 'ārthāya saṃbhavāmi yugeyuge.)" BG 4 : 8.

77 위의 책, pp. 106~107.

78 이 점에서 틸락의 관점은 아르주나의 회의 그 자체가 오히려 윤리적인 의미를 갖고 있다고 보는 나의 관점과는 달라지게 되는 것이다. 김호성 2000a, pp. 88~92, 참조. ; 김호성 2006a, pp. 113~116, 참조.

79 "āsuriṣu eva yoniṣu" BG 16 : 19.

80 박이문 1996, p. 70.

81 "ya enaṃ vetti hantāraṃ yaś c'ainaṃ manyate hatam, ubhau tau na vijānīto : nā 'yaṃ hanti na hanyate." BG 2 : 19.

82 "ajo nityaḥ śāsvato 'yaṃ pūraṇaḥ." BG 2 : 20.

83 박이문 1996, p. 66.

84 "mā karmaphalahetur bhūr." BG 2 : 47.

85 "mayi sarvāṇi karmāṇi saṃnyasy'ādhyātma-cetasā, nirāśīr nirmamo bhūtvā yudhyasva vigata-jvaraḥ." BG 3 : 30.

86 박이문 1996, p. 66.

87 김호성 1992, pp. 144~146, 참조.

88 이러한 형이상학적 윤리가 갖는 비윤리성에 대해서는 이미 비판한 바 있다. 그것은 형이상학적으로는 육사외도(六師外道) 중 사명외도(邪命外道)의 유물론적 입장과 다르지만, 윤리적으로는 동일한 관점/결과를 초래한다고 보았다. 김호성 2000a, pp. 94~96, 참조.

제2부 주제론 비교

| 샹카라의 주제 파악과 틸락의 비판 |

| 샹카라의 지행회통(知行會通) 비판 |

| 틸락의 행동주의적 해석 |

| 샹카라의 주제 파악과 틸락의 비판 |

이 글은 『기타』의 주제를 샹카라가 무엇으로 파악하고 있는가 그리고 그러한 샹카라의 파악이 타당하지 않다고 하여 비판하고 있는 틸락의 관점을 살펴본 논문이다. 샹카라의 주제 파악을 살펴보기 위하여 귀경게(歸敬偈)와 각 장의 총론 부분에 나타난 행위관을 살펴보았다. 그럼으로써 지혜와 행위의 관계에 대한 그의 관점을 보려고 한 것이다.

그 결과 샹카라는 『기타』가 지혜의 길을 주로 역설하고 있는 것으로 파악하였으며, 행위를 통하여 지혜를 얻는다거나 해탈을 얻을 수 있다고 보지 않았음을 알 수 있었다. 그러니까 행위는 해탈의 직접적인 원인이 될 수 없으며, 지혜를 얻기 위한 간접적인 원인으로 밖에 작용하지 않는다는 것이다. 그러므로 해탈하기 위해서는 먼저 행위를 버리고 출가하여 산냐시(포기자)의 삶을 살아야 한다는 것이다. 또한 해탈을 얻은 뒤에도 굳이 행위를 할 필요가 없다고 본다. 이는 선(禪)의 돈오돈수(頓悟頓修)의 입장과 유사한 것으로서, 그의 철저한 출가주의의 입장이 투영되어 있다.

이러한 샹카라의 입장에 대하여 틸락은 강력한 비판을 전개한다. 포기의 길이 곧 출가주의를 찬양하고 있기 때문이다. 무엇보다도 『기타』에서 말하는 포기는 내적인 욕망의 포기이지 행위 그 자체의 포기는 아니라고 보기 때문이다. 이런 점에서 나는 샹카라를 비판하는 틸락의 관점에 동의하고 있다.

이 글은 「기타에 대한 샹카라의 주제 파악과 틸락의 비판」이라는 제목으로, 『인도철학』제20집(인도철학회, 2006, pp. 153~190)을 통해서 발표된 것이다. 이 책에 수록하기 위하여 다소의 수정과 보완 그리고 윤문을 거쳤다.

주요어

샹카라, 틸락, 지혜의 길, 행위의 길, 믿음의 길, 지혜일원론, 베단타, 환영론.

I.『기타』의 주제는 무엇인가

한 해석자의 해석이 그 나름의 독창성을 갖는다는 것은 다른 해석자의 관점과는 다름이 있다는 이야기일 것이다. 이 다름은 그 이전 해석자의 해석에서는 존재할 수 없었던 새로움(apūrvatā)이라고 말할 수 있다. 과연 하나의 텍스트에 그 이전의 것에서는 볼 수 없었던 새로운 것이 있는가 하는 점은 그 텍스트의 주제를 파악함에 있어서 하나의 관건이 된다. 미망사 학파에서 이 새로움을 텍스트의 주제 파악에 활용할 수 있는 여섯 가지 방법론의 하나로서 설정한 이유이다. 이미 틸락(Bal Gangadhar Tilak, 1856~1920)은 그러한 미망사 학파의 여섯 가지 주제 파악의 방법론을 적용[1]하여『기타』의 주제(tātparya, 宗趣)[2]가 '행위의 길'이라 주장한 바 있다.

『기타』의 주제는 무엇인가? 이에 대해서는 해석자들마다 서로 다른 관점을 제시하고 있을 수밖에 없을 것이다. 주제 파악의 견해 차이가 바로 그들 해석의 새로움으로서 기능하고 있기 때문이다. 그러나 일단 우리는 다양한 해석자들의 주제론을 크게 셋으로 나누어 볼 수 있으리라 본다. 지혜의 길(jñāna-yoga)이『기타』의 주제라는 입장과 행위의 길(karma-yoga)이 그렇다는 입장 그리고 믿음의 길(bhakti-yoga)이 주제라는 입장이다. 물론 이 외에도 이들 세 가지 길의 회통[3]으로 보는 등의 다른 입장 역시 가능하다. 전통적인 해석자들 가운데에서 샹카라는 지혜의 길 하나만을 역설하고 있는 텍스트가『기타』라는, 이른바 지혜(知慧)[4]일원론의 입장을 취하고 있으며 라마누자(Rāmānuja, 1017~1137)와 마드와(Madhva, 1199~1276)는 공히 믿음의 길을 주제로서 파악하고 있다.

이러한 전통적 해석에 대하여 틸락은 발분(發憤)하여『기타 라하쉬야 *Gītā Rahasya*』를 저술하였다. 지혜의 길이나 믿음의 길로『기타』의 주제를 파악하는 전통적인 주석가들의 해석이 오류라는 것을 증명하기 위해서였다. 그의 관점은 행위의 길이야말로 『기타』의 주제라는 것이다. 이렇게 "경전 이해에 실마리를 제공하는"[5] 주제를 무엇으로 파악하고 있는가 하는 것은 매우 중요한 문제이다.

이제 샹카라가 『기타』의 핵심을 무엇으로 파악했는가 살펴보고자 한다. 과연 『기타』는 무엇을 주제로 설정하여 그 교설을 집중하고 있는 것일까? 사실 이 문제에 답하는 것이 그리 쉬운 일이 아님은 이미 샹카라 스스로도 토로하는 바이다.

> 『기타』라는 성전은 베다의 의미의 핵심(vedārthasāra)을 포괄하고 있는 것이지만, 그 의미를 파악하기는 매우 어렵다. 그 단어들, 단어의 의미들, 문장의 의미들 그리고 논리/토론들은 『기타』의 의미를 발견하기 위하여 많은 사람들이 해명하여 왔다. 그러나 일반적으로 사람들은 그것을 '하나의 자기모순적인 아이디어들의 집적'으로서 이해하였다. 이러한 곤경을 주의해 가면서, 나는 적절하게 구분하면서 간략히 텍스트를 해석함으로써 그 내용을 설명할 것이다.[6]

얼핏 보면 『기타』는 자기모순적인 아이디어들이 모여있는 것에 지나지 않는 것으로 볼 수도 있으리라. 그만큼 『기타』에는 다양한 교설들이 설해져 있는 것이다. 지혜·행위·믿음 등이 함께 설해져 있고, 일원론과 일신교도 함께 나타나 있으며, 상키야·요가·베단타 학파의 사상들이 어우러져 있다. 또 불교사상으로부터의 영향마저 보인다. 이러한 다양성을 어떻게 이해할 것인가 하는 문제는 하나의 숙제인데, 그것들 가운데 일관하는 그 무엇이 있다고 보는 종합주의적 입장[7]과 문헌학적으로 그것들 사이에서 차이/분리를 보는 분석주의적 입장이 있다.[8] 텍스트의 성립사를 중심으로 하여 분석주의적 이해가 불가능한 것은 아니라고 생각되지만, 그렇다고 해서 다양한 텍스트 속에서 일관하는 그 무엇을 찾아내어서 『기타』의 중심적인 메시지 내지 주제로서 제시하는 해석학적 작업 역시 반드시 불가능한 것은 아니라고 본다. 어쩌면 그렇게 주제를 찾아내는 일이야말로 해석자의 성스러운 책무일지도 모른다.

그러한 다양성 속에서 하나의 길을 찾아낸 샹카라의 해석학적 관점을 우리는 이 주제론을 통하여 살펴보고자 하는 데, 그 자료로서 나는 두 부분을 활용코자 한다. 하나는 고래로 전해져 오는 귀경게에 대한 주석 부분이며 다른 하나는 각 장의 총론 부분이다.

Ⅱ. 샹카라의 지혜일원론(知慧一元論)

1. 귀경게 주석에 나타난 주지종행(主知從行)

샹카라는 『기타』 본문에 대한 주석을 행하기 전에 귀경게를 제시하고, 그것에 대해서도 그 나름으로 주석을 붙인다. 그러니까 『기타』 본문의 주석 이전에 귀경게와 그 주석이 행해지는 것이다.[9] 귀경게 주석 부분에서도 전반은 귀경게 내용에 대한 직접적인 해석이라 할 수 있으나, 그 후반은 『기타』에 대한 전체적인 샹카라의 평가를 담고 있는 부분이라 할 수 있다. 그것은 바로 다음과 같이 시작한다.

> 간명하게 말해서, 『기타』라는 성전의 목적은 윤회하는 삶과 그 원인의 완전한 소멸이라고 하는 최고선(summum bonum)을 설명하기 위해서이다. 이는 모든 행위의 포기에 의해서 인도되는 자기에 대한 앎이라고 하는 성취의 다르마에 의해서 있게 되는 것이다. 이러한 『기타』의 의미인 다르마를 제시하

> 면서 신에 의하여 "이 다르마는 사람을 브라만의 경지로 이끌기에 적절한 것이다"(Mbh. Aśva. 16 : 12)라고 선언된다. [……] 『기타』의 마지막 부분에서 아르주나에게는 "모든 의무들을 버리고서 나를 유일한 의지처로 삼아라." (18 : 66)는 명령이 내려졌다.[10]

이 글은 비록 간명하지만, 『기타』 전체에 대한 샹카라의 관점을 충분히 드러내고 있는 것으로 생각된다. 우선 주목되는 것은 『기타』 교설이 궁극적으로 지향하는 목적을 윤회로부터의 해탈로 보고 있다는 점이다. 이러한 입장은 『기타』를 해탈의 책(mokṣa-śāstra)으로 보는 것으로서, 행위의 책(karma-śāstra)으로 평가하는 틸락의 관점과는 정반대의 입장에 서있음을 알 수 있게 한다. 과연 『기타』가 해탈의 책이 아니라 행위의 책인가 하는 점에 대한 논의는 차치하더라도, 바로 그 점에 비판의 초점을 맞추고 있는 틸락의 입장은 샹카라가 『기타』를 해탈의 책으로 보고 있음을 정확히 파악하고 있는 것이다.

다음으로 문제되는 것은 과연 무엇을 해탈로 보는가 하는 점이다. 이에 대한 대답은 위 인용문 중의 둘째 문장에서 잘 드러나 있다. 자기에 대한 앎, 즉 아트만에 대한 인식을 해탈로 본다. 물론 이때의 아지(我知, ātma-jñāna)는 범지(梵知, brahma-jñāna, brahma-vidya)와 다른 의미가 아니다. 그러니까 『기타』는 모든 인간이 갖고 있다고 하는 영원불멸의 실재인 아트만을 자각하라는 명령을 발하는 텍스트라는 것이다. 자기가 곧 아트만/브라만을 깨닫는 것을 해탈이라고 보는 관점을 지혜의 길(jñāna-yoga)이라고 할 때, 『기타』의 주제는 지혜의 길 그 하나에 있게 된다.

그렇다면 어떻게 해야 지혜의 길로 나아갈 수 있을까? "모든 행위의 포기(sarva-karma-saṃnyāsa)"라고 하는 것이 선행됨으로써 지혜의 길로 인도된다는 것이다. '행위의 포기 → 자기에 대한 앎의 성취(=해탈=다르마)'라는 논리이다. 이 같은 논리 구조 속에서, 지혜의 길로 나아가기 위해서 선행되어야 할 조건은 모든 행위의 포기, 즉 행위하지 않는 것이다. 행위를 버리고 출가하여 명상을 하는 산냐시가 될 필요가 있다. 이러한 샹카라의 입장에서 볼 때, 행위를 통해서도 해탈할 수 있다고 하는 행위의 길(karma-yoga)은 주된 위상을 부여받지 못한다. 즉 지혜의 길 하나만이 『기타』의 주제가 된다. 틸락이 행위일원론을 주장[11]했다고 한다면, 샹카라는 그 반대로 지혜일원론의 입장을 취하고 있는 것으로 평가해서 좋을 것이다.

또한 『기타』가 다르마의 현장(dharmakṣetra)에서 다르마를 설하는 책이라고 할 때, 그 다르마의 의미 내용을 어떻게 보는가 하는 점은 매우 중요하다고 본다. 이에 대하여 샹카라는 틸락이 주장하는 것과는 달리, 윤리적인 행위의 의미에서가 아니라 형이상학적인 브라만의 경지로 이어주는 것이 다르마라고 본다. 즉 『기타』의 다르마는 카르마 요가의 맥락에서가 아니라 갸나 요가의 맥락에서 설해진 것임을 『마하바라타』의 한 구절(Mbh.Aśva. 16 : 12)을 인용함으로써 논증코자 한 것이다. 『기타』의 결론 부분에 있는 18 : 66송의 한 구절을 인용하고 있는 것도 형이상학적 다르마의 차원, 즉 아지/범지의 차원에서였던 것이다.

(1) 18 : 66의 해석 문제

샹카라가 『기타』의 주제를 지혜의 길로 이해하면서 그같은 논리를 강화하기 위해서 『기타』 18 : 66을 인용하고 있는 것은 문제가 없는 것일까? 그렇지는 않다. 왜냐하면 그것은 심층의 문맥(context)을 읽지 못하고 표층의 문장(text)만을 취한 것으로 보이기 때문이다. 우선 18 : 66의 전문을 읽어보기로 하자.

모든 의무들을 완전히 내버리고서
나를 유일한 의지처로 삼아라.
나는 그대를 모든 악으로부터
해탈시켜 주리니, 슬퍼하지 말라.[12)]

이 게송에 나타난 다르마의 의미는 형이상학적인 다르마 개념이 아니라 윤리적인 의미의 다르마 개념으로 생각되는데[13)], 샹카라는 『마하바라타』의 형이상학적 다르마 개념과 동질의 것으로 보고 동시에 인용하고 있다는 데서 일단 문제가 있다. 그럼에도 불구하고, 나는 일단 이 18 : 66에서의 다르마 개념이 윤리적 의미의 행위를 가리키는 것으로 본다. 그렇다고 한다면, 샹카라의 경우에서처럼 "모든 의무들을 버리고서"라는 구절이 "카르마 요가를 버리고서"라는 의미라고 이해해도 좋을 것인가? 그렇게 생각되지는 않는다. 왜냐하면 글은 표층의 문장 속에서만이 아니라 심층의 문맥 속에서 그 의미가 결정되어야 할 것이기 때문이다. 틸락이 올바로 지적하듯이, 『기타』의 교설은 모두 참전 여부와 관련된 아르주나의 회의, 즉 행위의 문제에 대한 크리슈나의 응답이라는 성격이 있다는 점 역시 무시할 것은 아니다. 그 점을 전제해 놓고서, 나는 18 : 66이 어떠한 의미맥락 속에서 말해지고 있는가 하는 점을 살펴보아야 한다고 본다.

어떤 텍스트의 한 부분이 갖는 의미의 맥락을 파악하는 데는 과목(科目) 나누기[14)] 이상 좋은 방법이 없다고 본다. 부분은 반드시 전체와의 맥락 속에서 그 의미가 파악되어야 하기 때문이다. 그렇게 부분과 전체의 상호 순환을 통해서 의미를 파악하는 방법론이 과목 나누기이다. 지금까지의 논의를 총체적으로 맺음하는 18 : 66이 포함된 부분(18 : 50~72)은 『기타』 전체를 총괄적으로 맺음하는 총결분(總結分)이라 할 수 있다. 우선 이 총결분의 과목을 나누어 보면 다음과 같이 된다.

표 5. 총결분의 과목
정종분의 요약(18 : 50~72)
총결론(18 : 73)
산자야의 맺음말(18 : 74~78)

그러니까 18 : 66은 '정종분의 요약'의 일부분이었다. 그 '정종분의 요약' 중에서 다시 18 : 66이 차지하는 의미를 재확인할 필요가 있으므로 다시금 '정종분의 요약'을 좀더 세분하는 과목 나누기가 필요해 진다. 18 : 50~72 부분은 다시 다음과 같이 좀더 세분할 수 있으리라 본다.

표 6. 「정종분의 요약」 과목		
정설	서설(50)	
	지혜의 요가(51~53)	
	믿음의 요가	지혜에 근거한 믿음(54)
		믿음의 요가(55)
		믿음에 근거한 행위(56)
		지혜에 근거한 믿음(57)
	행위의 요가(59~60)	

	믿음의 요가(61~63)	
반복	서설(65)	
	믿음의 요가(66)	
	부촉	믿음행자에 대한 설법(67)
		믿음행자에 대한 찬탄(68~71)
물음(72)		

18 : 73의 아르주나의 결심(=총결론)을 이끌어내는 물음으로서의 기능을 하는 18 : 72를 제외할 때, 「정종분의 요약」은 그 주제를 바로 제시하는 정설(正說, siddhānta)과 그것을 한번 더 되풀이하는 반복으로 나눌 수 있다. 정설에서 우리는 『기타』 안에 세 가지 요가가 함께 제시되어 있으며, 또 그것들이 상호연계[會通]되어 있음을 알 수 있게 된다. 반복은 정설에서 설한 바를 한 번 더 부연하는 것이므로, 마땅히 그 의미는 정설과의 관련 속에서 파악되어야 할 것이다.

샹카라가 18 : 66에서 말해진 "모든 의무들을 완전히 내버리고서"라는 문구를 오히려 행위의 길을 배제한 것으로 파악했던 것, 즉 바로 그것이야말로 『기타』의 본래 취지라고 평가한 것이 타당한 해석이었는지를 점검해 보아야 한다. 말하자면 정설 부분에서 행위의 길이 배제되어 있는지 확인해 보아야 한다. 그러나 그것은 그렇지 않다. 18 : 56에서 "모든 행위를 행하는 자"[15]라는 의미가 있고, 18 : 63에서도 "그대가 원하는 대로 그렇게 행하라"[16]는 말씀이 분명히 있기 때문이다. 그렇다고 한다면, 18 : 66의 "모든 의무들을 버리고서"의 의미를 샹카라와 같이 곧이곧대로 행위의 길의 포기로 이해해서는 안 된다고 본다. 이에 대해서 이미 길희성은 다음과 같이 18 : 66의 의미를 한정하고 있다.

> 모든 의무들을 포기하라고 말하고 있지만 결코 의무 자체를 무시하라는 것은 아니고 결과에 집착하지 말고 오직 신을 향하는 마음으로 의무들을 행하라는 뜻으로 이해되어야 한다. 이미 41~49절에서는 자신이 해야 할 의무들이 강조되고 있다.[17)]

결국 "의무들을 완전히 내버리고서"의 의미는 "의무들을 [행한 뒤의 결과에 대한 집착을] 완전히 내버리고서"의 의미로 이해해야 한다는 것이다. 이러한 이해는 카르마요가에 대한 올바른 이해에 기반하고 있는 것으로서 그 타당성이 인정된다. 이에 더하여 나는 18 : 66은 다음과 같은 18 : 57에 뒷받침되어 해석되어야 한다고 본다. 왜냐하면 18 : 66에서 "모든 의무들을 완전히 내버리고서(sarva-dharmān parityajya)"라는 의미와 동일한 것으로 평가되는 "모든 행위를 나에게 버리고서(sarva-karmāṇi mayi saṃnyasya)"라는 구절이 18 : 57에 등장하기 때문이다. 따라서 18 : 57과 18 : 66을 차례대로 읽어볼 필요가 있게 된다.

> 마음으로 모든 행위를 나에게 버리고서
> 나를 궁극으로 삼아서
> 지혜의 요가를 의지한 뒤에
> 언제나 나에게 마음을 두는 자가 되라.[18)]

> 모든 의무들을 완전히 [나에게] 내버리고서

나를 유일한 의지처로 삼아라.
나는 그대를 위해 모든 악으로부터 해탈시켜 주리니,
슬퍼하지 말라.[19]

18 : 66에서 '[나에게]'를 집어넣어서 해석해 볼 수 있다면, 두 게송 공히 행위/의무들을 신에게 버리고서 신을 의지처로 삼으라는 의미다. 그렇다고 해서, 이들 게송이 믿음만을 강조하고 행위를 배제하는 가르침인 것으로 파악해서는 안 된다.[20] 왜냐하면 18 : 56에서 "항상 나에게 의지하면서 모든 행위를 행하는 자"[21]에 대해서 말하고 있기 때문이다. 이는 행위의 목적을 행위밖에 두지 않는, 제사의 목적을 제사밖에 두지 않는 것[22]과 마찬가지라고 할 수 있다. 행위를 신에게 내버림으로써 다시 진정한 행위가 가능해진다. 행위를 신에게 바친다는 것은 행위와 결부되는 결과·보상·동기 등 어떠한 군더더기도 모두 배제되는 것을 의미하기 때문이다. 그리하여 18 : 63에서 말하는 것처럼 "그대가 원하는 대로 행하라"는 말이 나온 것으로 생각된다.

이렇게 문맥 속에서 그 심층의 의미를 파악해 내지 않는다면 오류를 면할 수 없다. 따라서 나는 18 : 66의 의미를 "행위의 포기 → 지혜일원론"의 맥락으로 이해, 인용한 샹카라의 해석은 『기타』의 문맥[本義]에는 부합하지 않는 오독(誤讀)인 것으로 평가한다.

(2) 귀경게 주석에 나타난 행위관

이상의 논의를 통하여 우리는 샹카라가 『기타』의 주제를 지혜일원론으로 파악한 것으로 이해할 수 있었다. 이를 좀더 명확히 확인하기 위해서는 간접적으로 그가 행위와 믿음을 어떻게 보았는지 살펴볼 필요가 있다고 본다. 그러나 이에 대해서는 이미 선행연구[23]가 있으므로 여기서는 자세한 논의를 피한다. 다만 샹카라에게 있어서 믿음/박티는 지혜나 행위와 관련되어서 논의된다는 점만 지적하고자 한다. 지혜와 일치되거나 지혜를 위한 수단으로서 해석되었다고 한다.[24]

『기타』 본문이 설하는 것과는 달리, 믿음에 독립적인 위상을 부여하지 않는다. 믿음을 지혜 속으로 포섭해 버리거나, 아니면 보조적/간접적인 원인으로 설정해 버리고 만다. 그러니까 그의 박티관은 지혜와 밀접하게 결부되어 있는 최고의 실재에 대한 지식에 의해서 특징지워지는 박티(paramārtha-jñāna-lakṣaṇa bhakti)이거나 지식의 경지에 의해서 특징지워지는 박티(jñāna-niṣṭhā-lakṣaṇa bhakti)이다. 이는 그만큼 우파니샤드적 차원 속으로 박티를 집어넣어서 이해하고 있는 것이다.[25]

다시 여기서는 귀경게에 대한 주석에 나타난 카르마 요가관을 좀더 살펴보기로 하자. 먼저 원문을 읽어본다.

> 계급과 삶의 단계에 부과되어서, 번영을 목적으로 하고 행위를 특징으로 하는 다르마는 흔히 결과에 대한 욕망으로 행해졌을 때는 수행자를 천상의 존재 등과 같은 보다 높은 지위로 이끌지만, 다만 그것이 신(īśvara)에 대한 헌신의 마음으로 보상에 대한 기대가 없이 행해졌을 때는 마음의 정화를 증진시킨다. 그것은 간접적으로 [결과에 대한 욕망없이 행해졌을 때는] 해탈에 대한 성취를 촉진한다. 청정한 마음과 지혜를 불러일으키는 원인에 의하여 최상에 이르는 원인의 성품 또한 일어난다. 그렇게 이러한 의미를 명심하면서 그[神]는 『기타』 5 : 10에서 "브라만 안에 행위들을 두고서"라고 말하고, 5 : 11에서는 "요가행자는 집착을 내버리고서 자아의 청정을 위하여 행위를 행한다"라고 말하는 것이다.[26]

우선 샹카라는 행위를 특징으로 하는 다르마는 계급과 삶의 단계에 따라서 주어진 것이라는 힌두교 정통 교의의 입장을 반복한다. 샹카라가 인정하는 행위는 법전의 규정에 의해서 부여되었으며 『기타』에서도 그 수행(遂行)이 역설되는 가주기의 행위들인데, 구체적으로 그것들은 '제의적 행위와 (계급적) 의무'일 뿐이다.

틸락은 카르마가 갖는 의미를 네 가지로 구분하여 설명한다. 첫째는 미망사 학파에서 말하는 '희생제의'를 의미하고, 둘째는 법전에서 말하는 '계급의 의무'를 말하며, 셋째는 푸라나 문헌에서 말하는 '생활상의 행동'을 나타내며, 넷째는 『기타』에서의 의미이다. 『기타』에서는 아르주나를 위해서 규정된(vihita) 무사의 윤리나 제의를 의미하기도 하지만, 그것을 뛰어넘어서 보다 포괄적이고 보다 일반적인 인간이 행하는 모든 행위를 말한다.[27] 샹카라에게 있어서 행위는 첫째와 둘째의 의미로 이해하고 있으며 틸락은 넷째의 의미로 이해한다. 그러니까 이들은 '행위'라는 개념의 의미에서부터 서로 입장을 달리하고 있는 것이다.

그런데 위의 인용문에서 샹카라는 행위가 갖는 일정한 의미를 인정한다. 신에 대한 헌신의 마음으로 보상에 대한 기대가 없이 행해진 행위는 마음의 정화를 증진시키고 간접적으로 해탈을 위해서 도움이 된다고 보기 때문이다. "신에 대한 헌신의 마음으로", 또 "보상에 대한 기대없이 행해지는"행위는 앞서 살펴본 바와 같이, 믿음의 요가에 근거한 행위이거나 행위의 요가 그 자체임을 알 수 있다. I. C. Sharma는 샹카라가 자아의 정화(ātma śuddhi)를 위해서 행위의 의미를 인정하였다는 사실이 많은 사람에 의해서 간과되어 왔음을 한탄한다.[28] 이러한 I. C. Sharma의 한탄은 타당성이 있다.

그러나 문제는 그같은 인정 역시 한계지워져 있다는 점 역시 간과할 수 없다. 『기타』의 카르마 요가를 샹카라는 해탈의 주된 수단으로까지 간주하지 않기 때문이다. 틸락과는 달리, 그러한 행위만으로도 충분히 해탈할 수 있다고는 말하지 않는다. 다만 간접적으로 도움이 될 뿐이라고 말한다. 해탈의 직접적인/주된 원인이 될 수는 없으며 행위의 길을 실천함으로써 지혜의 길을 수행할 수 있는 근기가 된다는 점에서, 행위의 길은 지혜의 길로 나아가기 위한 간접적 원인일 뿐이다. 『기타』 5 : 11에서는 샹카라가 인용한 것처럼 행위는 자아의 청정을 위한 수단이 된다.

그런데 이렇게 자아의 청정이 이루어지는 것을 곧바로 해탈이라고 보지 않는다. 즉 karma-yoga(karma-niṣṭhā)의 사람이 jñāna-yoga(jñāna-niṣṭhā)에 곧바로 나아가는 것으로 보지 않는 것이다. 다만 지혜의 길에 적합한 근기의 사람이 되는 것이고, 해탈은 여전히 거기에서도 성전을 통해서나 자재신의 가르침에 의지하는 것이다.[29] 그러니까 행위의 길은 해탈 그 자체의 직접적인 원인인 될 수 없음은 물론 간접적인 원인이라고 보지도 않는다. 다만 갸나 요가를 수행할 수 있는, 거기에 이를 수 있는 간접적인 원인이라는 입장이다. 그것은 지혜의 길을 설하는 맥락 속에 놓여있는 것이므로, 비록 제한적이긴 하지만 자리행(自利行)이라 할 만하다. 물론 행위 개념이 샹카라에게는 계급과 삶의 단계에 결부된 것이므로 그럴 수밖에 없다고 할 수도 있겠으나, 그에게서 지혜의 길과 행위의 길은 명확하게 주(主)와 종(從)으로 차별화된다.

샹카라가 행위에 대하여 나름대로 일정한 의미를 부여하고 있으므로 지혜와 행위를 회통한 것으로 볼 수도 있지 않느냐 라는 관점 역시 가능하지만, 주와 종을 나누는 이상 그 사이에는 이미 계급이 존재하게 된다. 그러므로 그러한 논리가 회통론일 수 있다 할지라도 계급적/차별적 회통론일 뿐이지 평등한 회통론[30]이라 보기는 어렵게 한다. 내가 그의 주지종행적 입장을 굳이 지혜일원론이라 부르는 까닭이다.

2. 각 장의 총론에 나타난 행위관

귀경게 주석에 나타난 샹카라의 『기타』관은 그의 이해의 대강을 제시한 것으로서 의미가 있었다. 특히, 『기타』를 주지종행의 입장을 설하는 것으로 이해함에 대해서는 앞서 살펴본 바 있거니와, 그것이 비록 대강의 제시이기는 하지만 한편으로는 매우 소략(疏略)한 것도 사실이었다. 따라서 그러한 대강의 제시를 보다 보완하면서 상세하게 논의해 가는 것이 샹카라에게는 남은 과제였으리라. 여기서는 『기타』 본문에 대한 주석을 통해서 샹카라가 앞서 살펴본 주제론을 어떻게 보강해 가고 있는지 살펴보고자 한다.

우선 나는 샹카라가 각 장의 주석을 본격적으로 진행하기 전에 제시하는 총론[31)]적 언급에 주목하고자 한다. 그 분량은 얼마 되지 않으나 지행회통의 입장이나 행위를 통해서도 해탈에 이를 수 있다고 보는 입장에 대해서 샹카라는 강력한 비판을 행하고 있다. 이에 대한 자세한 논의는 이 글의 범위를 넘어서는 일이 되므로 여기서는 다만 그가 행위를 어떻게 보고 있는가 하는 점만을 정리해 두고자 한다.

(1) 2장에 대한 총론

2장에 대한 총론은 10송이 끝난 뒤에 행해진다. 1 : 1에서부터 2 : 10까지는 『기타』의 배경묘사와 함께 아르주나의 회의가 제시되는 부분이다. 2 : 10에 이르기까지는 상세한 논의를 행하지 않다가[32)], 여기 2 : 10이 끝난 뒤[33)] 비로소 포괄적으로 언급을 하고 있는 것이다. 그런 뒤에 본격적으로 지혜와 행위의 문제를 논의해 간다. 샹카라는 범지 이후의 행위는 인정하지만 행위를 통한 범지의 가능성은 부정한다. 앞서 행위를 갸냐요가를 얻기 위한 간접적 원인이라고 보았던 부분에 대한 구체적 논의라고 보아도 좋을 것이다. 2 : 10

의 총론 부분에서도, 그는 해탈을 위해서는 오직 지(知)만이 있으면 될 뿐이라고 하면서 행위가 요구되지 않는다고 본다.

그러므로 『기타』라는 성전에서는 오직 진리 그 자체에 대한 앎으로부터 해탈이 얻어지는 것이며, [지혜와] 행위의 결합에 의해서 [해탈이 얻어지는 것이] 아님은 결정적인 의미이다.[34]

진리 그 자체에 대한 앎은 범지이다. 범지가 곧 해탈이라면, 그러한 해탈론에 있어서 행위의 위상은 어디일까? 쉽게 그 자리가 파악되기 어려운 것으로 생각된다. 그러나 샹카라가 건립한 교의와는 달리 『기타』에는 서로 모순적으로 보이는 다양한 교설들이 제시되어 있다. 이 점은 그 스스로도 인정하는 바이다. 여기에 그의 고민이 있고, 그의 『기타』 해석의 출발점이 놓여있는 것이다. 행위나 믿음과 관련한 교설을 어떻게 평가하면서 지혜를 높이 선양할 것인가 하는 문제이다.[35]

귀경게 주석에서 샹카라는 행위를 간접적 원인으로 평가하여 회통함으로써 지혜를 주로 하는 입장에 아무런 상처가 없게 하였지만, 그렇게 했다고 하여 모든 문제가 다 해결되는 것은 아니다. 그가 다시 『기타』 안에서 행위에 대한 언급들을 자세히 분석해 보는 이유이다.

우선 그는 해탈을 위해서는 행위가 반드시 필요한 것은 아니라고 본다. 다만 간접적인 도움 정도는 될 수 있겠지만 궁극적으로 반드시 그것들을 버리고서 범지를 얻어야 한다고 본다. 그렇게 하여 범지를 얻게 되면 어떻게 될까? 샹카라는 범지자에게는 행위가 불필요하다[36]고 말한다. 브라만을 알고 난 뒤에 행위할 필요가 없다는 것이다.

그러므로 자아를 아는 자는 헛깨비와 같은 무지가 제거되고 나서는 전도된 지혜에 뿌리박고 있는 카르마 요가와 결합하지 않을지어다.[37]

이렇게 말하는 이유는 그에게 범지는 당연히 일체 오류를 넘어서는 것이고 행위는 오염에 기반하고 있는 것으로 보이기 때문이다. 그러나 이러한 샹카라의 논리는 『기타』의 본문으로부터는 지지를 받지 못한다. 범지의 체험은 샹카라가 말한 바와 같이, 모든 오염을 넘어서는 것으로 볼 수 있다. 그렇기에 범지 이전에 행위가 갖는 염오는 범지를 통해서 정화되고, 그 이후에 나오는 행위는 오염되지 않는 행위일 수 있기 때문이다. 이는 샹카라 스스로 인용[38]하고 있는 『기타』 5 : 7과 13 : 31의 의미를 살펴봄으로써 알 수 있는 것이다.

요가에 의하여 제어되었으며, 자아를 청정히 하고,
자아를 정복하였으며, 감각기관을 정복한 자,
모든 존재들의 자아가 된 자아를 가진 자는
행위를 하더라도 오염되지 않는다.[39]

이러한 변하지 않는 최고아는 시작이 없으며
속성을 갖지 않기 때문에
몸에 머문다고 하더라도, 쿤티의 아들이여,
행위를 하지도 않으며 [그로 인해] 오염되지도 않는다.[40]

이미 지혜를 얻은 자는 행위를 하더라도 오염되지 않는다. 따라서 13 : 31에서 na karoti는 na lipyati의 의미이다. 두 구절은 동어반복일 뿐이다. 이는 곧 행위하기 이전의 전제 또는 행위의 출발점을 말하고 있는 것이다. 따라서 이러한 게송들은 지혜와 행위의 결합을 역설하는 게송들로 이해한다. 따라서 해탈은 행위에 의해서 이루어지는 것이 아니며 오직 범지에 의해서만 이루어진다는 의미가 있다고 보고 인용한 샹카라의 논리를 뒷받침하지는 않는 것으로 생각된다. 틸락 역시 다음과 같이 말함으로써, 샹카라 비판에 동참하고 있다.

> 욕망에 이끌린(kāmya) 행위가 속박하는 것 때문에 행위의 포기가 요구된다고 한다면, 지혜를 얻은 뒤의 욕망을 떠난(niṣkāma) 행위들에 대해서는 그러한 논리가 적용될 수 없다. 그리고 범지 이후의 행위는 모두 이러한 욕망을 떠난 행위이다.[41]

(2) 행위를 긍정하는 게송들

샹카라의 생각과는 달리, 『기타』에는 해탈을 위한 행위를 긍정하는 많은 게송들이 있다.

'깨닫지 못한 자들의 행위'를 입증하기 위해서라는 목적으로, 샹카라가 인용한 『기타』의 구절들은 사실 그 모두가 다 행위를 통한 해탈, 즉 해탈을 위한 행위를 말하고 있는 맥락이다. 다시 말하면 『기타』는 범지 이후의 행만을 말하는 것이 아니라 범지 이전의, 범지를 위한 행 역시 말하고 있다. 이제 그러한 구절들을 제시하 보기로 한다. 이는 모두 샹카라가 언급한 것들이다.

> "해탈을 희구하는 옛사람들은 행위를 했다"[42]
> "요가행자는 집착을 내버리고서 자아의 청정을 위하여 행위를 행한다"[43]
> "자기의 의무를 행함으로써 그를 숭배하면서, 사람은 성취를 얻는다"[44]
> "성취를 얻은 자가 어떻게 [……] 브라만을 얻는지를 나로부터 간략히 들어보라."[45]

이들 구절의 의미를 샹카라는 간접적인 원인으로 평가해 버리고 마는 것이지만, 그러한 평가 자체는 샹카라의 것이지 결코 『기타』 그 자체의 입장은 아닌 것이다. 그런데 여기서 이들 두 가지 차원의 행위를 함께 생각해 볼 필요가 있다고 본다. 과연 해탈 이후의 행위와 해탈을 위한 행위가 다를 것인가 하는 점이다. 물론 해탈이라는 범지의 체험을 경험하기 전과 경험한 후가 같을 수는 없을 것이다. 그러나 그렇다고 하더라도 해탈 이전의 행위와 해탈 이후의 행위가 전혀 다른 차원, 전혀 다른 근기의 사람들에게 배당되는 것일 수는 없다고 하는 사실은 지적되어야 한다. 동일한 근기의 수행자에게서 모두 가능하겠기 때문이다. 깨달음을 위한 행위와 깨달음 이후의 행위가 다르다고 말할 수는 없다. 또 달라야 할 필요도 없을 것이다. 수행자에게 삶의 매 순간순간이 행위의 순간이라고 한다면 말이다.

그러니까 샹카라가 보는 것과 같이, 해탈 이전의 행위는 근기가 낮은 자에게 베풀어진 것이며, 해탈 이후의 행위는 근기가 높은 사람에게 배당되어 있다고 볼 수는 없다고 나는 생각한다.[46] 그 예가 바로 자나카 왕 등이다.

실로 자나카 등은 행위에 의해서만
완성을 이룰 수 있었소.
또한 그대는 오직 세계의 복지를 생각하면서
[행위를] 행할 수 있을 것이오.[47]

자나카 왕이 이야기되는 3 : 20을 샹카라는 깨달은 자의 행위만이 아니라 깨닫지 못한 자의 행위를 이야기함에 있어서도 언급[48]하고 있는데, 그것은 그 역시 3 : 20에 담긴 두 가지 차원의 행위를 무의식 중에서나마 인지하고 있었기 때문이라 본다. "행위에 의해서만 완성에 이를 수 있었다"는 것은 범지 이전의 행위 역시 『기타』가 인정하고 있다는 것이며, "세계의 복지를 생각하면서 행할 수 있다"는 것은 범지 이전의 행위로서도 가능하지만 범지 이후의 행위로서도 가능한 것이다.

만약 범지/해탈 이후에 "세계의 복지(lokasaṃgraha)"를 위해서 행위하지 않는다면, 그러한 해탈은 중생의 제도와 아무런 관련이 없게 되고 말 것이다. '행위의 포기 → 범지의 획득 → 행위의 실천'으로 돌아오지 않고, 다만 '행위의 포기 → 범지의 획득'으로 끝나고 만다면, 그러한 출가주의는 현실을 외면한 것으로 비난받아 마땅하고 현실을 살아가는 뭇 생명의 제도에는 무관심했던 것으로 비판받아야 할 것이다.

그런 측면에서 비베카난다·오로빈도·틸락 등의 근대 인도사상가들이 하나같이 샹카라의 베단타 철학을 비판한 것은 타당성이 있는 것으로 생각된다. 그런데 이 자나카 왕의 사례에 대해서 샹카라는 이렇게 말하고 있다.

만약 애시당초 자나카 왕과 같은 사람이 그러한 행위를 했다고 하는 것이 주장된다면, 그들은 완성을 지향하면서 세계의 복지를 위하여 그렇게 했던 것이다. 왜냐하면 그들은 "요소들이 요소들에 있어서 작용한다"(3 : 28)는 것을 알았기 때문이다. 즉 그들(깨달은 자들 - 인용자)은 모든 행위를 포기하는 것이 적절하였다. 그럼에도 불구하고, 그들은 행위의 수단을 통하여 그러한 완성을 추구하였으며 행위를 내버리지 않았다. 그것이 이 문장의 의미이다.[49)]

이를 좀 간명하게 이해하기 위해서 다시 삼단논법으로 정리해 보면 다음과 같이 된다.

자나카 왕 등이 모든 행위를 포기하는 것은 적절하였다.

[그럼에도 불구하고] 세계의 복지를 위하여 행위하였다.
[그렇기에 해탈할 수는 없었어야 하는데] 해탈할 수 있었다.

내가 [ ] 속에서 "그렇기에 해탈할 수는 없었어야 하는데"라고 한 것은 샹카라 철학의 입장에서 도출해 낸 것이다. 따라서 [ ] 안의 내용을 감안할 때 그러고서도 "해탈할 수 있었다"는 것은 [ ]를 감안하지 않는다면, 그것만으로는 베단타 철학과 모순이라는 이야기가 된다. 더욱이 이러한 삼단논법에서 그들이 "모든 행위를 포기하는 것은 적절하였다." 그러므로 "우리도 범지를 위해서는 모든 행위를 포기하자"라고 말하는 것은 잘못이다.

그런데 문맥상 샹카라는 그렇게 말하고 있는 것이다. 더욱이 3 : 20에서, 그들이 모든 행위를 포기하는 것이 적절하였다는 해석이 도출되는 것도 아니지 않은가. 오히려 위의 인용문 중에서 "즉 그들은 모든 행위를 포기하는 것이 적절하였다"라는 것은 샹카라의 관점일 뿐이었다. 따라서 그러한 샹카라 자신의 관점을 삭제하는 것이 더욱 옳을 것이다. 『기타』 3 : 20의 메시지는 다시 삼단논법/삼지작법의 형식을 빌어서 재정리해 보면 다음과 같이 될 수 있을 것이다.

그대는 세계의 복지를 생각하면서 행위를 하라.
[그렇게 세계의 복지를 생각하면서 행하는] 행위를 통해서도, 그대는 완성을 이룰 수 있기 때문이다.
마치 자나카 왕 등이 그랬던 것처럼.

3 : 20에는 그 어디에서도 " 자나카 왕 등이 모든 행위를 포기하는 것은 적질하였다"라고 해석될 수 있는 내용은 없는 것이다. 행위를 포기하지 않고

서 세계의 복지를 위하여 행위하면서도 해탈할 수 있었다고 할진대, 무엇 때문에 다시 행위의 포기를 해야 한다는 말인가. 결국 『기타』 그 자체의 입장은 해탈 이후의 이타행으로서의 행위만이 아니라 해탈을 위한 행위 역시 가능하며, 그러한 자아의 청정을 위한 행위들을 단순히 간접적인 수단이라 치부하거나 열등한 수행법이라 낮추어 말하는 것이 아님을 알 수 있는 것이다.

Ⅲ. 샹카라의 지혜일원론에 대한 틸락의 비판

1. 베단타 철학의 세 가지 테제

근대 인도철학사의 전개는 샹카라라는 거봉(巨峰)을 어떻게 비판해가면서 극복해 갔느냐 라는 관점에 의해서 정리해 보아도 좋을 것으로 생각된다. 예컨대 비베카난다는 샹카라의 아드와이타 베단타를 대리보충할 '실천적 베단타(Practical Vedānta)'를 제시하였으며, 오로빈도 역시 아드와이타 베단타를 대리보충할 '통합 요가(Integral Yoga)'를 제시한다.[50] 틸락 역시 마찬가지다. 그의 관점을 나는 '실재적 베단타(Realistic Vedānta)'로 생각하거니와, 현실이 환영이 아니라 실재라고 하는 점에서 실재적이라고 본다. 틸락의 관점이 실재적이라는 점에서, 그 역시 전통적·정통적인 아드와이타 베단타에 대해서는 강력히 비판하고 있다. 오히려 누구보다도 집요한 비판자라 해야 할 것이다.

여기서는 샹카라가 생각하는 『기타』의 주제론과 깊이 결부된 그의 베단타 철학의 테제에 대하여 틸락이 어떻게 비판하고 있는지 살펴보기로 한다. 우선 틸락은 샹카라의 불이일원론의 기본적 구조를 다음과 같이 이해·정리하고 있다.

① '나', '너'와 같은 세상에 존재하는 다양한 대상물들의 복수성, 또는 눈에 보이는 모든 타자(other things)는 참된 복수성이 아니라 그러한 모든 것들은 하나이며 순수하며 영원한 최고아(最高我, Parabrahman)이다. 그리고 다양한 인간의 감각기관은 복수성의 느낌을 최고아의 환영(illusion, māyā)의 결과로서 경험한다.

② 인간의 아트만 역시 근본적으로 최고아로서 동일한 성격의 것이다.

③ 누군가 완벽한 지혜를 얻은 뒤이거나, 아트만과 최고아의 하나됨을 개인적으로 경험하거나 완벽하게 깨닫지 않고서 해탈을 얻는다는 것은 가능하지 않다.[51]

①은 환영론(幻影論, māyāvāda)이며, ②는 불이론(不二論, advaita) 그리고 ③은 포기의 길(saṃnyāsa)이다. 이 중에서 ③은 베단타의 해탈론이라 할 수 있는데, 굳이 포기의 길이라 이름하여 해탈론이 포기의 길/출가주의로 나아가는 것으로 이해하고 있음은 무엇 때문인가? 완벽한 지혜를 얻는 일이나 아트만과 최고아인 브라만이 하나되는 범아일여는 세속생활에서 행위를 겸수(兼修)함을 통해서가 아니라, 그러한 것들을 먼저 포기함으로써 이루어진다고 보기 때문이다. 이들 세 가지 입장이 공히 하나의 '지혜의 길'을 구성하고 있다고 보아서 좋을 것이다. 그런데 구체적으로 틸락은 ②에 대해서는 별 이의가 없는 것으로 보이는 데 ①과 ③에 대해서는 강력히 비판하고 있다.

2. 환영론 비판

①의 환영론은 베단타 학파의 현실관(現實觀)이라 할 수 있다. 그런데 이 같은 환영론 역시 행위의 길에서 본다면 일단 문제될 수 있겠다. 현실이, 혹은 행위의 대상이 될 타자나 행위 자체가 환영에 지나지 않는다고 한다면, 그것이 과연 적극적인 행위의 길을 유도할 수 있을까 하는 문제제기가 가능하

기 때문이다.[52] 오로빈도가 샹카라의 환영설을 비판하는 핵심 역시 여기에 있었는데,[53] 그는 불교까지도 그런 맥락에서 샹카라의 영향을 받은 것으로 보고서 함께 비판하였던 것이다.

그렇지만 현실은 결코 환영일 수 없으며, 실재라는 관념에 입각한 채 행위한다면 오히려 행위에 더욱 집착할 가능성이 큰 것으로 나는 생각된다.[54] 그 반대로 행위를 함에 있어서 행위의 대상, 행위 그 자체 그리고 행위의 주체로서의 "나"라는 삼자(三者)가 모두 환영이라고 인식할 수 있다면, 집착 없이 행위할 수 있는 것이 아닐까 싶다. 주체마저 환영으로 본다는 점에서, 나의 관점은 베단타와 배치되며 불교의 공(空)사상에 의지하고 있는 것이다.

이에 대해서는 "모든 것을 공으로 본다면 어떻게 행위를 불러일으킬 수 있는가. 즉 무엇이 행위하게 할 수 있다는 말인가."라는 문제제기가 가능할지도 모른다. 그러나 모든 것이 환영이고 모든 것이 공(空)이라 할지라도, 뭔가 남아서 우리를 행위의 길로 나아가게 하는 것이 없지 않다. 불교는 자비라고 말할 터이지만, 『기타』는 무엇이라 말하고 있는 것일까?

첫째, 『기타』는 '의무(dharma)'라고 말한다. 『기타』의 '의무주의'에는 계급적인 의무라고 하는 제약 역시 존재한다. 그러나 그러한 컨텍스트를 괄호 속에 넣은 채, 어느 누구에게도 다 해당될 수 있는 보편적 윤리로 받아들일 수 있는 의무 역시 설하고 있다. 그 의무는 어떤 일을 하기 싫은데도 억지로 하지 않을 수 없도록 강제하는 의무가 아니다. 어떤 일에 대해서도 구하는 바 없고 집착이 없으므로 욕심이 행위의 동인(動因)이 되지 않는 경지에서, 내가 스스로 느끼는 사명감에서 우러나오는 행위를 말하기도 한다. 그런 텍스트 차원에서 다르마 개념을 이해할 수도 있는 것이다.[55]

둘째, 또 하나는 타자에 대한 사랑 때문이라 보아야 한다. 이를 『기타』에서는 loka-saṃgraha(세계의 복지, 度世) 개념으로 말한다. 3 : 25이 그러한 이념을 제시하고 있다.

> 무지한 자들이 행위에 집착하여
> 행하는 것과 같이, 바라타의 후예여,
> 세계의 복지를 원하는 지혜로운 자는
> 집착이 없이 행해야 할 것이다.[56]

문제는 베단타의 경우 환영론이 타자/세계에만 적용되고 자아/아트만은 환영론이 아니라고 하는 점에서 자아와 세계가 모두 환영이라고 보는 불교의 공사상과 차이가 있게 되고, 그런 점에서 자아에의 집착이 참된 행위의 길에 방해가 될 수 있는 것 아닌가 하는 문제제기도 가능케 된다. 한편 불교의 경우 행위의 대상도, 행위의 주체도 그리고 행위 자체나 그 결과도 환영으로 볼 때 진정한 행위가 가능해진다는 입장이다. 이런 관점이 『금강경』과 같은 불교 경전에서 설해지는 입장이다.[57]

하여튼 그 이론적 가능성에도 불구하고 환영론을 사상적 배경으로 하는 샹카라의 불이일원론 학파에서는 어떠한 사회적인 실천도 말하지 않는다. 적극적인 실천행들은 그러한 환영론을 비판하는 맥락에서 나왔던 것이며, 그것은 근대 인도에 이르러서 비로소 가능하였던 것이다.

그런데 틸락이 행한 비판의 초점은 ① 환영론에만 집중되는 것이 아니다. 오히려 ③ 포기의 길에 더욱더 중점이 놓여진다. 베단타의 불이일원론 학파에서는 내재하는 아트만이나 순수하고 영원한 브라만(Parabrahman)을 아는 것[=梵知]을 해탈이라고 보기 때문에, 다시 행위의 길이 요청될 필요가 그 자체적으로는 없다는 점을 알 수 있다. 행위 여부와는 무관한 차원, 즉 지의 차원에서만 해탈이 운위된다. 해탈을 위해서는 행이 무용하며 지의 차원에서만 가능하다[58]고 샹카라의 베단타 철학에서 단언하는 까닭은 그의 철학, 즉 베단타 학파가 우파니샤드 철학에 기반하고 있기 때문이다.

주지하다시피 우파니샤드는 절대적 원리인 브라만의 초월성과 함께 내재성을 말한다. 그 내재하는 브라만이 아트만이고, 그것은 외재(外在)/초월해 있는 브라만과 하나이다. 범아일여가 바로 그러한 사실을 나타내는 격언이다. 내가 아트만의 존재임을 망각하고 사는 것이 윤회인데, 그 이유는 무명/부착(附着) 때문이다. 이러한 형이상학적 인간론에서 도출되는 해탈관은 "내가 곧 아트만"임을 깨달으면/알면 되는 것이다. 지즉성(知卽成)이다. 무명이라고 하는 것도 지의 반대 개념이지만 실체가 있는 것은 아니다.

그러므로 우파니샤드의 이 같은 철학을 이은 베단타의 해탈관에서는 철두철미 지의 차원으로만 해탈을 말할 수밖에 없다. 이렇게 '우파니샤드 → 베단타'의 해탈관은 기본적으로 형이상학적 아트만에 대한 앎으로서, 지적일 수밖에 없다. 그런데 문제는 이러한 우파니샤드에 대한 해석에서 추출한 해석학적 관점, 즉 베단타적 관점을 『기타』를 해석함에 있어서도 그대로 적용하고 있다는 점이다. 그는 18장의 총론 부분에서 그의 의도가 『기타』와 베다의 모든 텍스트들을 조화시키는 데에 있음[59]을 밝히고는 있으나, 그의 회통 노력은 조화롭게 성공을 거둔 것으로 평가되지는 않는다. 『기타』는 우파니샤드와 다른 텍스트임을 망각하고서, 『기타』를 깎아서 우파니샤드의 입장에 맞추고자 했기 때문이다.

이렇게 우파니샤드에 기반한 샹카라의 베단타 사상과 『기타』의 사상 사이에 존재하는 불일치에 대하여 틸락도 이미 주의하고 있다.

> 비록 철학적 관점에서 볼 때 『기타』와 샹카라 학파 사이에 어떤 공통의 기반이 있다고 하더라도, 삶의 양식이라는 관점에서 보면 『기타』는 행위의 포기

(karma-saṃnyāsa)보다 행위의 가르침(karma-yoga)에 보다 높은 중요성을 부여한다.[60)]

두 텍스트 사이에 존재하는 철학적 공통기반으로 말미암아서 틸락 역시 "『기타』에 대한 샹카라주석(śāṃkara-bhāṣya)이 다른 학파적(doctrinal) 주석보다 더욱 가치가 있다"[61)]고 본다. 이는 틸락이 형이상학적 차원에서는 세계·자아 그리고 신(Īśvara) 사이에 동일성과 차이성을 함께 인정하는 라마누자의 관점이나 전혀 동일성은 인정하지 않고 차이성만 긍정하는 마드와의 관점보다는 완전한 동일성을 말하는 샹카라의 입장이 우파니샤드를 보다 잘 이해한 것으로 보고 있음을 말한다. 사실 틸락은 "아트만과 브라만 사이의 어떤 종류의 차이도 있으리라는 가능성을 배제하는 아드와이타 베단타의 형이상학적 입장을 받아들이고 있다."[62)] 그런 점에서 틸락 역시 베단타라고 할 수밖에 없는 것이다.

다만 그는 윤리학적 측면에서 아드와이타 베단타의 주요 소의경전인 우파니샤드와 『기타』 사이의 차이성을 샹카라가 인정하지 못하고 있는 점에 대해서 비판하고 있는 것이다. 그리하여 행위의 길이 지혜의 길과 함께 제시되어 있으며 후자를 전제로 하여 전자를 행해야 한다는 입장이 제시되어 있고, 더 나아가서 "행위의 포기보다도 행위의 요가가 더 뛰어난 것이다"[63)]라고 하는 게송까지 있음에도 불구하고 애써 지혜가 더욱 우월하다는 입장을 전개해 간다.

그러므로 윤리학적 측면에서 보면, 샹카라의 주석이 다른 어떤 주석보다도 더욱 큰 문제를 가져다 주고 있는 것으로 틸락은 판단한다. 그렇기에 『기타 라하쉬야』 전체를 통해서 라마누자나 마드와와 같은 믿음중심 해석자들에 대해서도 비판하고 있으나, 그 강도에 있어서 더욱 강렬하게 그 비판의 창을 샹카라를 향해 겨누고 있는 것이다.

3. 포기의 길 비판

이렇게 『기타』에서 윤리학이 발생하면서 또 하나 부닥치는 문제가 바로 ③ 포기의 길에 대한 비판이다. 포기의 길이 곧 출가주의를 찬양하고 있기 때문이다. 아트만의 앎을 위해서는 세속에서의 행위를 포기하고 출가를 해야 한다는 샹카라의 입장은 이른바 출가주의[64]라고 할 수 있다. 물론 『기타』 역시 포기의 길을 설하고 있는 것은 분명하다. 그런데 문제는 샹카라가 『기타』에서 설하는 바 포기의 길을 집착의 포기라고 하는 내면적인 윤리로서가 아니라, 행위 그 자체의 포기를 지향하는 형식적인 출가주의로만 보려는 데에 있다. 이 점을 틸락은 정확히 파악하고 있는 것이다.

> 불이일원론 철학에 수반하여 삶의 방식과 연관된 샹카라 철학의 또 다른 전제가 있다. 즉 비록 마음의 정화에 의해서 브라만과 아트만의 하나됨을 실현할 능력을 얻기 위하여 가주기의 상태에 속하는 행위들을 수행할 필요가 있다고 하더라도, 나중에는 그러한 행위들을 그만 두고서 궁극적으로 그러한 것들을 포기하고 산냐사(遊行)를 취하지 않는다면 해탈을 얻는 것은 불가능할 것이라는 점이다. 왜냐하면 행위와 지혜는 마치 빛과 어둠과 같이 적대적이며, 브라만에 대한 지혜는 모든 행위를 포기하고 모든 근본무명(vāsanā)을 완전히 정복하지 않는다면 완성될 수 없기 때문이다.[65]

가주기의 행위들을 포기하지 않고서는 해탈이 불가능하다는 것이다. 힌두교의 아슈라마(āśrama) 시스템에 있어서 가주기의 행위가 실천될 것이 요구된다고 하더라도, 그것이 해탈을 위해서 어떤 도움이 되는 것은 아니라고 본다. 해탈은 다른 차원의 것이다. 그러니까 행위는 해탈을 위해서는 절대적으로 필요한 것이 아니게 된다. 오히려 가주기의 행위를 버린 뒤에 즉 산냐시가 됨으로써만 해탈은 비로소 가능해진다[66]고 말한다. 이것이 출가주의다. 만약 출가하지 않고서 가주기의 행위를 통해서도 해탈이 가능하다고 말한다면, 출가주의라고 불리지 않는다. 재가주의라 말해야 할 것이다.

틸락은 이러한 샹카라의 출가주의적 입장을 비판하고 있는 것이다. 특히 산냐시가 되지 않는다면 해탈할 수 없다는 출가주의는 비판의 초점이 되고 있다. 틸락은 말한다.

> 비록 스리 샹카라차리야는 자이나교와 불교의 교설을 논박했다고 하더라도, 자이나교와 불교도에 의해서 주로 유행되었던 고행주의의 길을 아차리야(Ācarya)들이 유지하는 것을 허락하였으니, 그것은 수르티와 스므리티에 의해서 규정된 것이기 때문이다.[67]

샹카라는 불교 비판을 통해서 힌두교의 정통체계를 강화해간 인물로 유명하다. 그러나 그것은 어디까지나 철학적 측면에서의 이야기일 뿐, 출가주의와 관련해서는 샹카라의 베단타가 불교나 자이나교와 아무런 다름이 없다는 것이 틸락의 관점이다. 오로빈도는 불교의 입장이 샹카라의 환영론과 구별되지 않는다고 비판하였는데, 여기서 틸락은 불교의 출가가 샹카라의 출가와 구별되지 않고 있다면서 비판하고 있다.[68] 그도 그럴 것이 『기타』에서 설해지는 포기(saṃnyāsa)는 샹카라가 이해한 산냐시와는 다르기 때문이다. 『기타』의 5 : 3과 6 : 4를 함께 읽어보자.

> 미워하지도 않고 갈망하지도 않는 자,
> 그는 영원한 포기자임을 알아야 할 것이다.

실로, 강력한 팔을 가진 이여, 양극단을 떠나있는 자는
쉽게 속박으로부터 해방된다.[69]
실로 감각기관의 대상들에도
행위들에도 집착하지 않을 때,
그는 모든 욕망을 버린 포기자이며
요가에 오른 자라고 말해진다.[70]

무엇보다도 포기는 모든 분별의 포기이며, 양 극단의 포기다. 행위가 아니라 마음 안에 있는 욕망의 포기다. 증오나 갈망, 또 대상과 행위에서의 집착을 버리는 것이 포기의 진정한 의미이다. 특히 6 : 4는 "행위들에 있어서 집착하지 않으므로"라고 말함으로써 포기/지혜와 행위는 상호모순적인 것이 아니라 함께 결합[會通]될 수 있음을 말하고 있는 것이다. 비록 샹카라가 출가자(monk)를 지혜의 사람과 동일시한다[71]고 하더라도, 5 : 3과 6 : 4를 볼 때 포기자(saṃnyāsī)[72]는 출가자가 아니라 2장에서 설한 지혜행자(sthitaprajñā)와 다른 것이 아님을 알 수 있다.

지혜행자를 "자손, 부 그리고 세상에 대한 욕망을 버리고 자아 안에서 기뻐하며 자아 안에서 즐거워 하는 승려"[73]라고 한 S. Gambhīrānanda의 입장은 지혜행자를 곧 출가자와 동일시한 문제가 있다고 본다. S. Gambhīrānanda 역시 샹카라에 충실한 베단타 학자이기 때문일 것이다. 다만, 다음과 같은 5 : 13의 경우는 또 다른 해석이 가능한 것 아닌가 반문(反問)할 수 있을지도 모른다.

마음으로 모든 행위들을 포기하고서
욕망을 항복받은 육체 속의 자아는
아홉 가지 문의 성(城) 안에 편안히 머물고 있다.

행위를 하지도 않으며 행위를 시키지도 않으면서.[74)]

5 : 13의 전체적 맥락에서 보면, "행위하지도 않고 행위를 시키지도 않으며"라는 술어 부분의 주어는 육신의 소유주(所有主)로서의 아트만이다. 비록 행위한다 하더라도 사실은 행위 하는 것이 아니라는 점에서, 오히려 5 : 13에서의 포기는 '지혜의 길'과만 연결되는 것이 아니라, 그것이 다시 행위의 길과 연결되는 것임을 알게 한다. 지행회통이 이루어지는 것으로 볼 수도 있다.

결국 『기타』 18 : 2 역시 "욕망에 의해서 행해진 행위를 포기하는 것이 포기"이며, "모든 행위의 결과를 포기하는 것이 포기라고"[75)] 말하였다. 즉 샹카라의 이해와는 달리, 『기타』에서 말하는 포기는 행위 그 자체의 포기가 아니라 우리 안에 있는 내면적인 집착이나 욕망의 포기를 의미하는 것일 뿐이다. 그리고 그러한 포기야말로 바로 진실한 행위의 출발점이 되는 것이다. 그런 점에서 포기를 지혜라고 할 수 있다면, 『기타』에서 지혜는 다시 행위와 결합되어 있는 것으로 볼 수 있다.

Ⅳ. 틸락, 삶과 유리된 해탈론 비판

불이일원론 베단타 학파의 거장 샹카라는 『기타』의 주제를 지혜의 길로 보았다. 그리고 그 지혜는 곧 해탈에 다름 아니다. 자기를 아는 것, 브라만을 아는 것, 그것이 샹카라가 추구했던 해탈의 길이었다. 이러한 논리체계 속에서 행위의 길은 어디에 존재할 수 있는 것일까? 지혜를 닦기 위해서는 행위의 포기가 선행되어야 한다고 본다. 그것이 출가의 길이며, 산냐시(saṃyāsī, 유행자)의 길이다. 샹카라는 『기타』 18 : 66의 "모든 의무들을 완전히 내버리고서"라는 구절을 곧이 곧대로 받아들임으로써 자신의 입장을 세워갔다. 그러나 그것은 "모든 의무들을 행한 뒤의 결과에 대한 집착을 내버리고서"라는 의미로 보아야 한다.

그렇다고 해서 샹카라가 행위를 전혀 인정하지 않은 것은 아니다. 그 역시 신에 대한 헌신의 마음으로, 보상에 대한 기대가 없이 행해진 행위는 마음의 정화를 증진시키고 간접적으로 해탈을 위해서 도움이 된다고 본다. 그러나 문제는 그러한 인정 역시 한계가 있다는 점이다. 『기타』의 카르마 요가를 샹카라는 해탈의 주된 수단으로까지 간주하지 않는다. 다만 간접적으로 도움이 될 뿐이라고 말한다. 이때의 '간접적인 도움' 역시 그 자체로서 해탈의 직접적인 원인이 될 수 없음은 물론 간접적인 원인이라고 보지도 않는다. 다만 갸냐 요가를 수행할 수 있는, 지혜의 길에 이를 수 있는 조인(助因)이라는 입장이다. 직접과 간접을 나누고, 주(主)와 종(從)을 나누는 이상 그 사이에는 이미 계급이 존재하므로, 계급을 인정하면서 양자의 관계를 설정하는 논리가 진정한 회통론(會通論)일 수는 없을 것이다. 계급적/차별적 회통론일 뿐이지 평등한 회통론이라 보기는 어렵게 한다. 내가 그의 주지종행(主知從行)적 입장을 굳이 지혜일원론이라 부르는 까닭이다.

샹카라는 행위를 해탈의 직접적인 수단으로 인정하지 않는다. 그렇다면 해탈/범지 이후의 행위에 대해서는 어떠한 태도를 취하고 있는 것일까? 샹카라는 이미 해탈한 범지자(梵知者)에게는 행위는 불필요하다고 말한다. 브라만을 알고 난 뒤에 행위할 필요가 없다는 것이다. 이러한 샹카라의 논리는 『기타』의 본문으로부터는 지지를 받지 못한다. 범지의 체험은 "행위를 하더라도 오염되지 않기" 때문이다. 『기타』에서 "행위에 의해서만 완성에 이를 수 있었다"는 것은 범지 이전의 행위 역시 해탈의 수단으로서 『기타』가 인정하고 있다는 것이며, "세계의 복지를 생각하면서 행할 수 있다"는 것은 범지 이전에도 가능하지만 범지 이후의 행위로서도 가능한 것이다. 만약 범지/해탈 이후에 "세계의 복지(loka-saṃgraha)"를 위해서 행위하지 않는다면, 그러한 해탈은 중생의 제도와 아무런 관련이 없게 되고 말 것이다. '행위의 포기 → 범지의 획득 → 행위의 실천'으로 돌아오지 않고, 다만 '행위의 포기 → 범지의 획득'으로 끝나는 것은 출가주의라 할 수 있다. 그리고 출가주의는 현실을 외면한 것으로 비난받아 마땅하다.

샹카라는 바로 이러한 출가주의의 입장을 취하고 있다는 점에서, 행위일원론의 해석자 틸락은 강력한 비판을 전개했던 것으로 보인다. 포기의 길이 곧 출가주의를 찬양하고 있는 것이기 때문이다. 물론 『기타』 역시 포기의 길을 설하고 있는 것은 분명하다. 그런데 문제는 샹카라가 『기타』에서 설하는 포기의 길을 집착의 포기라고 하는 내면적인 윤리로서가 아니라 행위 그 자체의 포기를 지향하는 형식적인 출가주의로만 보려는 데에 있다. 이 점을 틸락은 정확히 파악하고 비판하고 있는 것이다.

무엇보다도 『기타』에서의 포기는 모든 분별의 포기이며, 양 극단의 포기다. 행위가 아니라 마음 안에 있는 욕망의 포기다. 증오나 갈망, 또 대상과 결과에서의 집착을 버리는 것이 포기의 진정한 의미이다. 그렇지 않다고 한다면, 그 해탈의 길은 우리 삶의 현실과 유리된 것으로서 외면되고 말 것이다. 내가 샹카라의 지혜일원론을 비판하는 틸락의 관점에 동의하는 이유이다.

| 주 |

1 이에 대해서는 김호성 2004a, pp. 198～208, 참조.

2 '종취'는 여러 가지 논의들이 결국에는 돌아가는 하나의 결론을 의미하는 불교해석학의 말이다. tātparya를 박효엽은 '통일적 취지'로 옮기고 있다. 박효엽 2004, p. 209.

3 간디(M. K. Gandhi, 1869～1948)가 그렇게 보고 있는 것으로 보이는데, 이에 대해서는 김호성 2006c와 2007b 참조.

4 불교의 경우, 지식과 지혜는 서로 의미가 다른 것으로 분별한다. 그러나 정통 인도철학에서는 그렇지 않다. 지식과 지혜는 동의어인 것이다. "힌두철학에서 지식이란 인간의 개별성이 본디 보편성이었음을 깨달음으로써 무한반복을 초극하게 하는 그러한 앎이다. 이 지식은 모든 현상적 지식들에 선행하는 참지식으로서 내재적인 실재에 대한 직관적이고 직접적인 지혜이다"(박효엽 2008, p. 19.) 바로 그 점을 의식하고 있기 때문에, 나는 '지혜'를 '智慧'가 아니라 '知慧'로 쓴다.

5 K. S. Murty 1993, p. 23. K. S. Murty는 pp. 22～24.에 걸쳐서 주제 파악이 해석학에서 차지하는 의미에 대해서 자세히 논의하고 있다.

6 A. G. Krishna Warrier 1983, p. 3. ; S. Gambhīrānanda 1984, p. 5.

7 종합주의적 입장을 절충혼효(折衷混淆)라고 부르는 것도 가능한 입장이다.[關戶法夫 1995] 그러나 나 자신 역시 그 사이에 뭔가 '절충의 논리'가 있으리라 보면서, 뭔가 무원칙한 듯한 '절충'이라는 말 보다는 원칙이 있는 듯한 '회통'이라는 말을 쓰고자 한다. 關戶法夫 역시 다양성 중에서 '상키야와 요가'를 두 기둥으로 보고 있는 것처럼 말이다. '절충주의/절충성'에 대해서는 뭔가 타협적인 듯한 부정적인 뉘앙스가 느껴져서이다.

8 原實, p. 50.

9 이 부분을 어떻게 규정할 것인가 하는 점이 하나의 문제가 된다. S. Gambhīrānanda는 '귀경게(Invocation)'라고 부르며, A. G. Krishna Warrier는 '주석자의 서론(The Commentator's Introduction)'이라고 하였다. 두 가지 성격이 공히 존재하므로 둘

다 옳다고 해야 할 것이다. S. Gambhīrānanda 1984, p. 1. ; A. G. Krishna Warrier 1983, p. 1.

10 "tasya asya gītāśāstrasya saṃkṣepataḥ proyojanaṃ paraṃ niḥśreyasaṃ sahetukasya saṃsārasya atyantoparamalakṣaṇam / tacca sarvakarmasaṃnyāsapūrvakāt ātmajñānaniṣṭhārūpāt dharmāt bhavati / tathā imaṃ eva gītārthaṃ dharmaṃ uddiśya bhagavatā eva uktam — 'sa hi dharmaḥ suparyāpto brahmaṇaḥ padavedane'(ma. bhā. aśva. 16. 12) iti anugītāsu / tatraiva ca uktam — 'naiva dharmo na cādhrmo na caiva hi śubhāśubhī'(ma. bhā. aśva. 19.7) [……], ihāpi ca ante uktaṃ arjunāya — 'sarvadhrmān parityajya mām ekaṃ śaraṇaṃ vraja'"(18 : 66) A. G. Krishna Warrier 1983, pp. 3~4. ; S. Gambhīrānanda 1984, p. 6, 참조.

11 틸락의 행위일원론과 그에 대한 나의 비판은 김호성 2007a, 참조.

12 "sarva-dharmān parityajya mām ekaṃ śaraṇaṃ vraja, ahaṃ tvā sarva-pāpebhyo mokṣayiṣyāmi, mā śucaḥ." BG 18 : 66.

13 물론 이 18 : 66의 전체적 의미는 박티/믿음의 맥락 속에 놓여있다. 다만 그 속에서 말해지는 '다르마'의 의미는 윤리적인 것이다.

14 해석학적 장치로서의 과목 나누기가 갖는 의미에 대해서는 김호성 2009a, pp. 95~97, 참조.

15 "sarva-karmāṇy api sadā kurvāṇaḥ" BG 18 : 56.

16 "yath'ecchasi tathā kuru." BG 18 : 63.

17 길희성 1988a, p. 267. 길희성이 말한 18 : 41~49 부분은 '행위의 길'을 설하고 있는 부분이라 할 수 있다.

18 "cetasā sarva-karmāṇi mayi saṃnyasya mat-paraḥ, buddhi-yogam upāśritya mac-cittaḥ satataṃ bhava." BG. 18 : 57.

19 "sarva-dharmān parityajya mām ekaṃ śaraṇaṃ vraja : ahaṃ tvā sarva-pāpebhyo mokṣayiṣyāmi, mā śucaḥ." BG 18 : 66.

20 T. G. Mainkar는 18 : 66에 대한 샹카라의 해석이 오류임은 올바르게 지적하고 있으나[T. G. Mainkar 1969, p. 15.], 그것이 박티만이 아니라 행위의 길과도 연계됨은 보지 못하고 있다. 문맥을 살펴보지 못해서이다.

21 "sarva-karmāṇy api sadā kurvāṇo mad-vyapāśrayaḥ/" BG 18 : 56.

22 3 : 9에서 "제사를 목적으로 하는 행위를 제외하고서(yajñ'ārthāt karmaṇo 'nyatra)" 의 의미는 "제사를 목적으로 하는 제사를 제외하고서는"이다. karma의 베다적 의미는 yajña이기 때문이다.

23 李榮洙, pp. 29～42, 참조.

24 Iwao Shima 1990, p. 501. ; p. 496.

25 위의 책, p. 496.

26 "abhyuday 'ārtho 'pi yaḥ pravṛtti-lakṣaṇaḥ dharmaḥ varṇān āśramāṃś ca uddiśya vihitaḥ sadev'ādisthāna-prāpti-hetuḥ api san, īśvar'ārpaṇa-buddhayā anuṣṭhīyamānaḥ sattva-śuddhaye bhavati phal'ābhisandhi-varjitaḥ/ śuddha-sattvasya ca jñān' otpatti-hetutvena ca niḥśreyasa-hetutvam api pratipadyate / tathāc 'emam eva artham abhisaṃdhāya vakṣyati — 'brahmaṇy ādhāya karmāṇi'(5 : 10), 'yoginaḥ karma kurvanti saṅgaṃ tyaktv'ātma-śuddhaye'(5 : 11) iti//"A. G. Krishna Warrier 1983, pp. 4～5. ; S. Gambhīrānanda 1984, pp. 6～7.

27 B. G. Tilak 2000, 위의 책, p. 75. 김호성 2007a, pp. 291～293, 참조.

28 I. C. Sharma 1963, p. 244.

29 高木健翁 1996, p. 429.

30 차별적 회통론과 평등적 회통론의 두 차원에 대해서는 김호성 2000b, pp. 129～130. 거기에서도 '차별적 회통론'은 샹카라의 입장이었음을 알 수 있었다.

31 샹카라의 주석(『Gītā-bhāṣya』)에는 주해(ṭīkā)적 부분과 주석(bhāṣya)적 부분이 함께 존재한다고 했는데(김호성 2004b, pp. 158～168, 참조.), 이 '총론적 언급'들은 그 중에서 주석 부분에 해당하는 것이라 할 수 있다.

32 이 점은 라마누자 역시 거의 마찬가지인데, 『기타』의 서사적 배경(『마하바라타』의 전쟁 이야기)을 짐작할 수 있는 그 부분을 주의하지 않고 있다는 점은, 공히 『기타』를 해탈의 책으로 평가해 버리고 말게 되는 점과 관련있다.

33 이를 2 : 10의 주석으로 볼 것이냐, 2 : 11의 주석으로 볼 것이냐 하는 문제가 있다. 그 사이에 존재하는 것이라는 점이 가장 적절한 것이다. 이에 대해서는 김호성 2014b, p. 196. 각주 12) 참조.

34 "tasmāt gītā-śāstre kevalāt eva tattva-jñānāt mokṣaṃ prāptiḥ, na karma-samuccitāt iti niścitaḥ arthaḥ."A. G. Krishna Warrier 1983, p. 25. ; S. Gambhīrānanda 1984, pp. 44~45, 참조.

35 샹카라의 믿음에 대한 상세한 논의는 그의 지혜일원론을 보강하는 주요한 관건이지만, 여기서는 자세히 논의할 수 없다. 앞으로의 과제로 남겨둔다.

36 여기서 샹카라의 입장을 불교와 대비해 볼 필요가 있다. 깨달음 이후에 행위는 필요한가 하는 점은 특히 선불교에서 크게 문제되고 있기 때문이다. "깨달음을 얻은 뒤에도 행위는 필요하다"고 보는 것이 선의 돈오점수(頓悟漸修)의 입장인데, 그렇게 말하는 데는 두 차원이 있다. 하나는 아직 습기(習氣)가 남아있어서라고 보는 유식적(唯識的) 관점에서이며, 다른 하나는 모든 중생을 이롭게 해야 한다는 화엄적(華嚴的) 입장에서이다. 샹카라의 경우, 행위는 언제나 오염에 뿌리 내리고 있다고 보는 것은 그가 행위를 세계의 복지(lokasaṃgraha)의 실현을 위한 것으로 보지 못하기 때문이다. 행위를 제사나 계급적 의무로만 보고 있기에, 그러한 협소한 해석이 나오고 있는 것이다. 다만 "깨달음 이후에도 계속 닦아야 한다"는 것 자체는 그것이 유식의 자리적 차원이든 화엄의 이타적 차원이든 깨달음 이후의 행위를 긍정하는 것이다. 그런 점에서, 샹카라는 화엄적 입장과는 물론이고 유식적 입장과도 다르다 할 것이다. 애당초 행위가 필요하지 않다고 하므로 샹카라에서 범지의 경지는 선의 돈오돈수가 갖는 경지와 상통하는 바 있는 것으로 생각해 볼 수 있을지도 모른다. 다만 퇴옹성철의 돈오돈수는 깨달음 이전에 오랜 닦음을 설정하고 있으므로, 샹카라의 그것과는 차이가 있다.

37 "ātma-vidaḥ nivṛtta-mithyā-jñānatvāt viparyaya-jñāna-mūlasya karma-yogasya asaṃbhavaḥ syāt." A. G. Krishna Warrier 1983, p. 184.

38 A. G. Krishna Warrier 1983, p. 26, 참조.

39 "yoga-yukto viśuddh 'ātmā vijit'ātmājit'endriyaḥ, sarva-bhūt 'ātma-bhūt 'ātmā kurvann api na lipyate." BG 5 : 7.

40 "anāditvān nirguṇatvāt param 'ātmā'yam avyayaḥ, śarīra-stho 'pi, Kaunteya, na karoti, na lipyate." BG 13 : 31.

41 B. G.Tilak 2000, p. 428.

42 "kṛtam karma pūrvair api mumukṣubhiḥ." BG 4 : 15.

43 "yoginaḥ karma kurvanti saṅgaṃ tyaktvā'tma-śuddhaye." BG 5 : 11.

44 "sva-karmaṇā tan abhyarcya siddhiṃ vindati mānavaḥ." BG 18 : 46.

45 "siddhiṃ prāpto yathā brahma tathā'pnoti nibodha me." BG 18 : 50.

46 근기론의 수용은 샹카라에게서 흔히 발견되는 논법이다. 김호성 2000b, p. 114. ; pp. 120~121, 참조.

47 "karmaṇ'aiva hi saṃsiddhim āsthitā Janakādayaḥ, loka-saṃgraham ev'āpi saṃpaśyan kartum arhasi." BG 3 : 20.

48 S. Gambhīrānanda 1984, p. 44.

49 "yadi tāvat pūrve janakādayaḥ tattva-vidaḥ api pravṛtta-karmāṇaḥ syuḥ, te lokasaṃgrah'ārthaṃ'guṇāguṇeṣu vartante' (3 : 28) iti jñānen'aiva saṃsiddhim āsthitāḥ/ karma-saṃnyāse prāpte api karmaṇā sah'aiva saṃsiddhim āsthitāḥ na karma-saṃnyāsaṃ kṛtavantaḥ ity arthaḥ/" A. G. Krishna Warrier 1983, p. 25.

50 이러한 흐름은 마치 근대 서양철학사가 헤겔의 비판과 극복으로부터 전개되어갔던 것이나 근대 한국철학사가 조선시대에 주자(朱子)보다 더 주자적이었던 퇴계학을 극복함으로써 실학(實學)이나 기학(氣學) 등으로 전개되어갔던 것과 유사하다. 그도 그럴 것이 '헤겔 - 퇴계 - 샹카라'가 모두 '절대정신 - 이(理) - 브라만'이라고 하는 일원(一元)의 형이상학적 실체에 집착하고 있다는 점에서 동일하기 때문이다. 다만 유감인 것은 근대 인도철학사의 경우에는 무신론적 실존주의나 해체주의 등과 같은 비(非)실재론을 제시하면서 등장한 근대 서양철학의 역사와는 달리, 샹카라철학에 대한 비판자라고 하더라도 비베카난다·오로빈도·틸락 등이 모두 그 형이상학의 차원에서는 샹카라와 마찬가지로 실재론자라는 점에서 변함이 없다는 점이다. 비록 오로빈도의 경우에는 상키야의 이원론을 수용함으로써 샹카라의 베단타와 다르긴 하지만, 그가 의존하고 있는 상키야철학 역시 푸루샤의 실재를 인정하는 실재론이기 때문이다. 그런 점에서 근대 서양철학사와 다른 양상을 보이고 있다. 인도철학사에서 아드와이타 베단타에 대한 해체주의적 넘어섬은 역시 공(空)을 근간으로 하는 불교사상에서 찾아야 할 것으로 본다. 그러나 불교는 근-현대 인도사상에서 자기자리가 없었다.

51 B. G. Tilak 2000, p. 19.

52 길희성은 이런 관점에서, 선불교의 사회의식을 문제삼은 바 있다. [길희성 1998, pp. 28~29, 참조.] 선불교 역시 공(空)을 그 저변에 깔고 있기 때문이다. 그러나 나는 공과 환영론은 다르며 보조선의 경우 불이일원론과 달리 현실참여 이론을

제시한다고 본다. 그것이 곧 돈오점수에서의 점수로서의 보현행(普賢行)이다. 김호성 1991, pp. 149~158, 참조.

53 김호성 2000b, p. 116.

54 폭력이 필요하다면 폭력을 행사할 수 있다는 폭력 용인의 입장을 틸락이 갖게 된 것도, 그의 이러한 현실관과 무관한 것은 아닌 것처럼 생각된다.

55 『기타』의 독법(讀法)에는 이러한 두 차원의 분별을 통한, 『기타』의 특수성을 배제하고서 보편성을 받아들이는 방법 역시 존재한다. (이에 대해서는 김호성 2000a, pp. 85~86, 참조.) 한편 이거룡은 나와는 달리, 애당초 특수성을 묻지 않고 『기타』가 보편성을 갖는다는 점을 카르마요가를 중심으로 해서 주장한다.(이거룡 2010, pp. 103~136, 참조.) 특수성을 배제한 뒤의 남는 것을 보편성으로 받아들이고자 하는 나의 관점과는 배치된다.

56 "saktāḥ karmaṇy avidvāṃso yathā kurvanti, Bhārata, kuryād vidvāṃs tath 'āsaktaś cikīrṣur loka-saṃgraham." BG 3 : 25.

57 『금강경』에서 설하는 공/무주상(無住相)에 근거한 보살행의 실천 이념을 『기타』의 카르마요가와 대비해 본 일이 있다. 김호성 2002a, pp. 80~94, 참조.

58 이러한 관점은 해탈을 대자(對自)적 차원에서만 생각하는 것이다. 그를 위해서는 명상만으로도, 지적 전회(轉回)만으로도 가능하기 때문이다. 그러나 각자(覺者, 梵知者)를 포함해서 인간은 누구나, 대타(對他)적 관계맺음 없이 존재할 수 없다. 그렇기에 타자와의 관계에 대한 물음에 응답해야 한다고 나는 본다. 그것이 어떤 종교든, 어떤 사상이든 말이다. 그래서 대자적 지와 대타적 행의 관계를 거듭 문제삼고 있는 것이다.

59 "sarvasy'aiva gītā-śāstrasya arthaḥ asmin adhyāye upasaṃhṛtya sarvaś ca ved'ārthaḥ vaktavyaḥ ity evam arthaḥ ayam adhyāyaḥ." A. G. Krishna Warrier 1983, p. 548.

60 B. G. Tilak 2000, p. 325.

61 상동.

62 G. V. Saroja 1985, p. .

63 "karma-saṃnyāsāt karma-yogo viśiṣyate." BG 5 : 2.

64 대승불교의 『유마경』 같은 데에서 보이는 재가주의의 입상과는 달리 불교 안에

서도 출가를 해야만 깨달음을 얻을 수 있다고 하는 출가주의는 존재한다. 가장 강력하게 역설한 것은 일본 조동종의 개조 도겐(道元, 1200~1253)일 것이다. 松尾剛次 2005, pp. 108~109, 참조.

65 B. G. Tilak 2000, p. 19.

66 S. Gambhīrānanda 1984, p. 118.

67 B. G. Tilak 2000, p. 476.

68 가주기를 겪지 않고서 출가하는 불교의 경우는, 어떻게 보면 샹카라의 베단타/힌두교 보다 더 강력한 출가주의로 비춰지기도 한다. 이를 극복하기 위해서는, 힌두교의 환영론과 불교의 공(空)이 다르다는 점을 부각하면서도 세간 속에서 행위를 행해가자는 대승 보살도를 더욱 선양해야 할 것으로 생각한다.

69 "jñeyaḥ sa nitya-saṃnyāsī yo na dveṣṭi na kāṅkṣati, nirdvandvo hi, Mahābāho, sukhaṃ bandhāt pramucyate." BG 5 : 3.

70 "yadā hi ne 'ndriy'ārtheṣu na karmaṣv anuṣajjate, sarva-saṃkalpa-saṃnyāsī yog 'ārūḍhas tado 'cyate." BG 6 : 4.

71 S. Gambhīrānanda 1984, p. 103. 각주 1.

72 산냐시 개념을 출가주의의 맥락에서 이해하는 샹카라의 관점과는 달리, 비베카난다(S.Vivekananda, 1863~1902)는 현실 속의 실천행자의 의미로 이해한다. 그리고 그 모델로서 고타마 붓다를 들고 있다. 비베카난다의 베단타를 샹카라의 아드와이타 베단타와 달리 실학적/실천적/실용적 베단타(practical Vedānta)라고 부르는 까닭이다. 산냐시 개념을 둘러싼 비베카난다의 관점에 대해서는 김호성 2010, pp. 137~172, 참조.

73 S. Gambhīrānanda 1984, p. 103.

74 "sarva-karmāṇi manasā saṃnyasy'āste sukhaṃ vaśī, nava-dvāre pure dehīn'aiva kurvan na kārayan." BG 5 : 13.

75 "kāmyānāṃ karmaṇāṃ nyāsaṃ saṃnyāsaṃ kavayo viduḥ, sarva-karma-phala-tyāgaṃ prāhus tyāgaṃ vicakṣaṇāḥ." BG 18 : 2.

샹카라의 지행회통(知行會通) 비판

샹카라는 『기타』의 주제를 지혜의 길에서 찾는다. 그렇기 때문에 지혜와 행위를 결합해야 한다는 지행회통론에 대해서는 날카로운 비판을 행한다.

첫째, 크리슈나에 의해서 지혜와 행위가 각기 다른 근기의 사람들을 위한 것으로 제시되었다는 것이다. 얼핏 회통적인 이중주제설(二重主題說)로 보이지만, 그렇지 않다. 이중적으로 설해진 두 가지 주제가 평등하다고 말하는 것은 아니기 때문이다.

둘째, 지혜가 행위보다도 더 우수한 것이라 주장한다. 그 근거로서 3 : 1에서 아르주나는 "만약 당신께서 지성이 행위보다도 더 우수하다고 생각하신다면"이라고 말했지 않느냐는 것이다. 그러나 아르주나의 질문을 가지고서 『기타』의 정설(正說)로 삼으려는 것은 설득력이 없다.

셋째, 5 : 2에 대한 주석에서 샹카라는 '행위의 포기 vs 행위의 요가'라는 쌍(雙)에서 '행위의 포기'를 다시 '자아를 아는 자 vs 자아를 모르는 자'로 세분한다. 이를 통하여 자아를 아는 자는 지복(至福)을 얻는 것이 가능하지만, 자아를 모르는 자는 지복을 얻을 수 없다는 것이다. 이는 5 : 2의 입장과는 정면에서 배치되는 논리이다.

결국 샹카라의 지행회통 비판은 『기타』의 본래 입장을 왜곡한 것이 적지 않음을 확인할 수 있었다.

이 글은 「샹카라의 지행회통(知行會通) 비판에 대한 고찰」이라는 제목으로 『인도철학』 제41집(인도철학회, 2014, pp. 191~224)를 통하여 발표되었다.

주요어

바가바드기타, 샹카라, 회통론, 지행회통론, 지혜의 길, 행위의 길, 근기, 근기론.

Ⅰ. 샹카라 필생(畢生)의 과제

『기타』라는 텍스트를 앞에 두고, 나는 오랫동안 이런 저런 사색을 펼쳐 왔다. 『기타』의 무엇이 나로 하여금 『기타』를 떠나지 못하고 『기타』 안에서 맴돌게 했던 것일까? 다른 무엇보다도 『기타』에서 말하고 있는 세 가지 화제(話題), 즉 지혜(jñāna), 행위 (karma) 그리고 믿음(bhakti) 등이 나 뿐만 아니라 종교와 철학에 관심 있는 사람들에게 화두(話頭)가 되었기 때문이 아닐까 싶다. 그러나 단 하나가 아니라 세 가지가 함께 설해져 있다는 점에서 혼돈과 논란 역시 초래하고 있음도 사실이다. 도대체 『기타』가 궁극적으로 말하고자 하는 바는 무엇일까? 이 물음은 『기타』의 주제(tātparya, 宗趣)에 대한 물음이다. 『기타』 해석학(Gītā Hermeneutics)의 역사는 바로 이 물음에 대한 대답의 역사라 해도 크게 틀리지는 않을 것이다.

종래 제기되어 온 여러 가지 대답들에도 두 가지 흐름이 존재했던 것으로 생각된다. 하나는 지혜, 행위 그리고 믿음의 세 가지 길(yoga) 중에서 어느 하나만이 『기타』의 주제라고 보는 관점이다. 세 가지 중 어느 하나를 선택(選擇)할 때는 필경 그 한 가지가 다른 두 가지 보다도 더욱 우수한 것이라는 가치판단이 개재된다. 이렇게 서로 다른 텍스트나 수행법 사이의 가치평가를 불교해석학의 역사에서는 '교판(敎判)'[1]이라는 말로 불렀다.

다른 하나는 그 세 가지 길은 모두 궁극적 목적을 향해 나아감에 있어서 서로서로 보완하는 관계라고 파악하는 관점이다. 이러한 해석학적 입장을 동아시아 불교전통에서는 '회통(會通)'이라 불렀다.[2] 중국에서 '회'라는 말에는 '수도 서울'이라는 뜻이 있었다 한다. 그러한 어원학적 분석을 적용해 본다면, '회통'이라는 말은 수도 서울에만 가면 여러 지방에서 온 사람들을 다 만날 수 있다거나, 어떤 길이나 수단을 선택하더라도 그 목적지인 서울에다 도착할 수 있다는 의미를 갖는다. 그러므로 '회통'이라는 말은 철학적 차원에서 서로 다르게 보이는 것들이 사실은 그 목적에서는 일치하고 있다는 의미와 수행적 차원에서 양자를 함께 닦아가는 겸수(兼修)가 더욱 바람직하다는 의미를 둘 다 내포하고 있는 것이다. '회통'에 가장 가까운 산스크리트는 아마도 samuccaya[3]가 아닐까 싶다. 실제로 이 글에서 문제 삼게 될 '지행회통'이라는 말은 산스크리트에서는 jñāna-karma/kriya-samuccaya로 표현되고 있는 것이다.

『기타』를 주석한 해석자들 중에서 샹카라(Śaṅkara, 700~750)는 지혜를, 라마누자(Rāmānuja, 1017~1137)와 마드와(Madhva, 1199~1276)는 믿음을, 근대에 이르러 틸락(B. G. Tilak, 1856~1920)은 행위[4]를 가장 우월하고도 중심적인 것으로 평가하였다. 그렇게 그들은 서로 입장을 달리했으나, 세 가지 중에서 어느 하나를 가장 우월한 길로 평가하는 교판을 제시하였다는 점에서는 공통점을 갖고 있었다. 그렇지만 서로 교판을 달리하면서 『기타』라는 텍스트를 해석하였기 때문에 그들 사이에는 서로 대립과 쟁론(諍論)이 있을 수밖에 없었다. 직접 대면하여 논쟁할 수는 없었지만, 라마누자와 마드와는 샹카라의 해석과는 다른 해석을 제시하였으며, 근대의 틸락은 세 조사(祖師)의 전통적 해석 모두에 대해서 불만을 표시하지 않을 수 없었던 것이다.

이러한 흐름과는 달리 『기타』의 세 가지 길은 서로 회통 가능한 것으로 파악하는 회통적 해석 역시 이루어졌다. 근대 인도사상가들 중에서 오로빈도(Aurobindo Ghose, 1872~1950)는 애당초 행위를 중심으로 해서 『기타』를 해석하였으나, 점점 이해를 깊이 해가면서 마침내는 세 가지 길을 아우르는 통합 요가(pūrṇa yoga)[5]에 이르렀다. 마하트마 간디(Mahatma Gandhi, 1869~1948) 역시 마찬가지다. 행위의 길을 중시하면서 『기타』를 이해하기 시작하였으나, 그의 해석에서도 역시 지혜와 행위, 또한 믿음과 행위를 회통하는 입장을 내보인 것으로 나는 평가[6]하고 있다. 나 역시 오로빈도나 간디와 유사하게, 행위에 초점을 두고서 『기타』를 이해하기 시작하였으나 근래 들어서는 점점 더 세 가지 길의 회통(三道會通)으로 마음이 기울고 있다. 『기타』의 의도나 주제가 거기에 있는 것으로 보이기 때문이다.

이런 점에서 볼 때, 지혜 중심의 교판에 의해서 『기타』를 이해한 샹카라의 주석에 보이는 지행회통에 대한 비판이 과연 올바른 것인지 재검토해 보고 싶어졌다. 샹카라는 지혜만이 해탈의 길이라는 지혜일원론(知慧一元論)을 주장[7]하고 있기에, 지행회통의 입장을 비판하지 않을 수 없었을 것이다. 실제 베단타(Vedānta)의 역사에서도 샹카라의 철학과는 다른 지행회통의 입장 역시 존재하였다. 예를 들면, 바스카라(Bhāskara, 750~800경), 아비나바굽타(Abhinavagupta) 그리고 아난다바르다나(Ānandavardhana) 등이 지행회통의 입장을 취하였다.[8] 바스카라는 지행회통의 입장에서 "지식만이 해탈의 수단이라고 말한 샹카라의 학설을 공격하였다."[9] 또한 카시미르 출신의 아난다바르다나는 『지행회통론(jñāna-karma-samuccaya)』이라는 이름의 『기타』 주석서를 남겼다.[10] 샹카라의 입장과는 달리, 샹카라의 뒤에도 그렇지만 그 이전에도 『기타』의 주제를 지행회통으로 파악한 해석들이 존재했으며, 샹카라는 이러한 해석들에 대해서 비판[11]했음을 역사는 보여준다.

따라서 샹카라 주석에 나타난 지행회통에 대한 비판적 관점을 살펴보는 것은 나름대로 의미가 있으리라 생각한다. 지행회통을 비판하는 샹카라의 비판 논리가 타당한지, 아니면 어떤 점에서 오류가 있는지를 검토해 보려는 것이다. 이를 통해서 『기타』의 주제를 파악하는 샹카라의 관점이 철저히 지혜일원론(知慧一元論)이라고 보았던 기존의 논점을 더욱 보강해 보고자 한다.

Ⅱ. 지혜와 행위의 분리

『기타』의 2장 11송부터 아르주나의 회의에 대한 크리슈나의 반론/응답이 제시된다. 그런데 샹카라는 10송에 대한 주석이 끝나고 난 뒤, 11송에 대한 주석을 시작[12]하기 전에 『기타』를 해석하는 그의 입장에 대한 총론적 언급을 행하고 있다. 이 총론적 언급은 비교적 장편[13]이라 할 수 있는데, 그 초점은 『기타』의 주제는 진리 그 자체에 대한 앎(지혜)에 의해서 해탈을 이룰 수 있다는 것이며, 행위와의 결합/융합(知行會通)에 의해서 해탈을 이룰 수 있는 것은 아니라[14]고 보는 데 있다.

그렇기에 샹카라는 지행회통에 대한 비판을 하게 되는데, 다른 관점을 비판하기에 적절한 글쓰기의 방법은 논파(論破)적 방법[15]이라 할 수 있다. 먼저, 그의 철학에 대한 전론(前論, pūrvapakṣa)으로서 지행회통의 입장을 제시한 뒤, 후론(後論, uttarapakṣa)으로 그 자신의 입장을 제시하는 형식이다. 전론과 후론의 요지를 차례로 읽어보기로 하자.

> 이 점에 대해서 누군가 [다음과 같이] 말했다 : 해탈/독존(獨存)은 전적으로 모든 행위들의 포기가 선행된 뒤에, 자아/아트만에 대한 지식에 의해서만 얻어지는 것은 아니다. 그렇다면, 어떻게 할 것인가? 아그니호트라(agnihotra) 등, 계시서(śruti)와 전승서(smṛti)에 의해서 제시된 행위/의례[16]와 결합된 지혜로부터 해탈/독존은 얻어지는 것이다. […… .][17]

이 전론은 크게 두 부분으로 나눌 수 있다. 모든 행위의 포기 이후에 자아에 대한 지식을 통해서만 해탈할 수 있다는 이야기는 샹카라의 입장을 가리킨다. 그런데, 그것은 그렇지 "않다"고 말함으로써 샹카라를 비판하는 것이다. 그래놓고 전론자(pūrvapakṣī) 자신의 입장을 제시한다. 그것은 곧 계시서와 전승서에 제시된 것처럼, '행위/의례와 결합된 지혜', 즉 지행회통론에 의해서 해탈/독존을 얻을 수 있다는 것이다.

이렇게 자기의 관점이 비판되자, 샹카라 역시 후론을 통하여 지행회통을 힘껏 비판하는 재반론을 펼친다. 그 중 주요한 부분을 옮기면 다음과 같다.

> 응답 : 그것[반론자의 지행회통론 – 인용자]은 공허하다. 지혜와 행위의 두 길은 두 가지 종류의 이해 속에서 서로 분리된 것으로 말해졌기 때문이다. [……] 또한 마치 "이러한 지성이 상키야로서 당신에게 설해졌다. 그러나 요가의 경지에서 이것을 들어 보시오."(2 : 39) 라고, 신에 의하여 두 가지 지혜가 설해져 있는 것과 같다. 그리고 이 둘에 대하여 신은 분리해서 말할 것이다. [신은] 상키야들에게는 "옛날에 [이미] 두 가지 기술(niṣṭhā)[18]이 베다의 형식 속에서 나에 의해서 말해졌다"(3 : 3)[19]라고 한 것처럼, (자아의) 지식에 기반한 지혜의 요가라는 기술에 대하여 말할 것이다. 또한 마찬가지로 '요가행자들[의 완성은] 행위의 요가에 의해서이다'라고 말한 것처럼, 그는 요가의 이해(Yoga-buddhi)에 기반한 행위의 요가에 대한 기술을 분리하여 말할 것이다.[20]

전론자와 후론자/샹카라의 관점을 대조적으로 살펴보면, 우선 『기타』 전체의 의미에 대한 이해에서 중대한 차이를 내보이고 있음을 알 수 있게 된다. 전론자는 아그니호트라 등의 행위/의례와 결합된 지혜의 추구를 설하는 것이 『기타』의 입장이라고 보는 것이며, 샹카라는 그 반대로 지혜와 행위는 서로 분리되어 제시되어 있다는 것이다. 전자는 지행회통이 옳다고 말하며, 후자는 지행회통이 잘못이라며 비판하는 것이다.

샹카라가 지행회통이 잘못이라고 비판할 때 드는 근거는 『기타』 3 : 3[21]이다. 상키야의 사람, 즉 사색적인 사람들에게는 지혜의 요가가, 요가의 사람들에게는 행위가 설해졌다. 이렇게 샹카라가 『기타』 3 : 3을 인용하는 것을 보면, 마치 『기타』 본문이 샹카라의 관점을 지지하고 있는 것처럼 보인다. 그러나 그렇지 않다. 만약 샹카라가 말하는 것처럼, 지혜와 행위가 서로 무관하게, 결합되지 않은 채, 분리하여 제시되어 있다고 한다면 그러한 입장은 이중주제설(二重主題說)이라 불러서 좋을 것이다. 그리고 샹카라는 이중주제설의 입장을 취하고 있는 것으로 우리는 평가할 수 있을 것이다.

그러나 샹카라의 주제론은 이미 살펴본 바[22]와 같이 지혜일원론일 뿐 이중주제설이라 부르기에는 어려움이 있다. 왜냐하면, 지혜와 행위가 따로 설해져 있다는 주장은 다만 지혜와 행위의 회통을 비판하기 위한 전략일 뿐, 이중적으로 설해진 주제가 서로 평등하다고 말하는 것은 아니기 때문이다. 만약 두 가지 길, 즉 지혜와 행위/의례가 서로 평등한 가치를 지닌 채 따로 따로 설해진 것이라고 생각하였다면, 샹카라의 입장은 이중주제설이라 불러서 좋을 것이다. 그리고 그러한 이중주제설 자체는 하나의 회통적 관점[23]이라 볼 수도 있다. 나는 『기타』 3 : 3에서 보는 관점이야말로, 그런 의미에서 이중의 주제를 평등하게 말하고 있는 이중주제설, 즉 '존이(存二)의 회통'을 지지하는 것으로 생각한다. 그런 까닭에 『기타』의 회통론은 평등적 회통론이라 말할 수 있는 것이다. Robert N. Minor의 말처럼, "『기타』는 사실 그러했으나 (최고의 길로서 행위를 배제하지 않았으나 - 인용자), 샹카라는 그렇지 않았다(최고의 길로서 행위를 배제하였다 - 인용자)."[24] 샹카라는 다만 지행회통론을 무너뜨리기 위해서, 지혜와 행위/의례의 양자를 분리하고자 했으나 『기타』의 의도는 그렇지 않았던 것이다.

Ⅲ. 지혜일원론(知慧一元論) 주장의 근거

1. 『기타』 3 : 1의 해석

지행회통론을 무너뜨리기 위한 샹카라의 전략은 지혜와 행위/의례의 양자가 서로 무관하다고 보는 것이다. 그러니 서로 결합할 수 없다는 것이다. 만약 그렇게 서로 분리되어 있다면, 그 양자 사이에 우열을 논하는 것 자체가 의미 없는 일이어야 할 것이다. 분리된 양자가 모두 그 나름의 의미(해탈로 이끄는 기술)를 인정받아야 마땅했을 것이다. 그러나 샹카라는 그렇게 보지 않는다. 서로 분리되어 독립적으로 설해져 있다고 하면서도, 양자 중에서는 지혜가 행위보다도 더 우수하다고 본다. 여기서 우리는 샹카라의 지혜일원론이 차별적 논리에 입각해 있음을 알 수 있는데, 그는 그러한 논리를 뒷받침해 줄 증거로 『기타』 3 : 1을 말한다.

> 만약 당신께서 지성이 행위보다도
> 더 우수하다고 생각하신다면, 자나르다나여,
> 어찌하여 저에게 그렇게 끔찍한 행위를
> 요구하시는 것입니까, 케사바여.[25)]

만약 크리슈나의 의도가 지행회통을 지지하는 데 있었다고 한다면, 아르주나는 이렇게 묻지 않았을 것이라고 샹카라는 추정[26)]한다. 그런데 아르주나는 그렇게 묻는다. 그러므로 신의 의도는 지행회통에 대해서 지지하지 않는 것이라고 샹카라는 판단하는 것이다. 샹카라의 말을 들어보자.

> 한 사람이 지성과 행위 둘을 [함께] 실행하는 것이 불가능하다고 님이 말하지

않았다면, 어떻게 아르주나가 또 '만약 당신께서 지성이 행위보다도 더 우수하다고 생각하신다면'이라고 말함으로써, 그가 듣지도 않은 것, 즉 행위/의례보다도 지혜가 더 높은 지위에 있다고 님이 말씀한 것으로 가탁(假託)할 수 있겠느냐.[27]

이 샹카라 주석의 의미를 간명하게 재정리 해보면 다음과 같이 될 수 있을 것이다.

① 한 사람이 지성과 행위 둘을 [함께] 실행하는 것은 불가능하다고 님이 말했다.
② 아르주나가 '만약 당신께서 지성이 행위보다도 더 우수하다고 생각하신다면'이라고 말했지 않느냐.

인도 논리학 전통에서 본다면, ①은 종(宗, 주제의 제시)이라고 할 수 있으며 ②는 인(因, 이유)라고 할 수 있을 것이다. ①은 샹카라의 생각이니, 그가 이 문제에 대해서 갖고 있는 관점이다. 그러한 관점을 갖게 된 근거 내지 이유가 ②이다. 그런데 샹카라 주석에서 보면, 이유의 제시는 ②에서 끝나지 않는다. ②-1이 더 있으니, 다음과 같다.

②-1 [크리슈나의 뜻이 그렇지 않았다면, 어찌 감히 그렇게 듣지도 않았으면서] 그[=아르주나]가 듣지도 않은 것, 즉 행위/의례 보다도 지혜가 더 높은 지위에 있다고 님이 말씀한 것으로 가탁(假託)할 수 있겠느냐.

②-1을 ③이라고 하지 않은 까닭은, 그 역시 동일하게 이유를 말하고 있기 때문이다. 다만 차이가 있다면 ②에서 긍정적으로 들었던 이유를 ②-1에서는

뒤집어서 부정적으로 한번 더 들고 있을 뿐이다. 그만큼 샹카라는 이 이유의 제시에 힘을 쏟았던 것으로 생각된다.

그런데 문제는 샹카라가 제기한 이러한 논증(論證) 자체에 치명적인 오류가 보인다는 점이다. ①은 [샹카라의 생각이지만] 크리슈나의 뜻이라고 하였는데, 그 근거로 들고 있는 ②는 아르주나의 말이다. 3 : 1에 나타난 아르주나의 질문은 『기타』의 정설(正說, siddhānta) 내지 후론(uttarapakṣa)이 아니며, 어디까지나 차후에 크리슈나에 의해서 극복될 전론(pūrvapakṣa)일 뿐이기 때문이다. 전론인 아르주나의 입장을 가지고서 『기타』의 정설로 삼으려는 것, 크리슈나의 입장에 대한 근거로 삼으려는 것은 자기모순에 빠진 것으로 볼 수밖에 없다. 뿐만 아니다. 바로 뒤이어 나오는 3 : 3에서 크리슈나는 두 가지 기술, 즉 지혜의 요가와 행위의 요가를 둘 다 제시함으로써, 3 : 1에서 아르주나가 말한 "만약 당신께서 지성이 행위보다도 더 우수하다고 생각하신다면"이라는 것이 다만 아르주나의 질문일 뿐이지 크리슈나의 입장이 아님을 분명히 보여주고 있는 것 아닌가. ②-1에서 샹카라가 생각한 것과는 달리, 설령 아르주나가 크리슈나로부터 그렇게 들었던 적이 없었다 하더라도, 충분히 할 수 있는 질문이었던 것이다.

그럼 아르주나는 왜 그렇게 말했던 것일까? 그가 지혜와 행위 중에서 양자택일을 요구하는 것은 신이 지행회통의 입장을 말하지 않아서가 아니라 지행회통을 이해하고 실천하는 것이 그만큼 쉽지 않았기 때문이었으리라 생각하는 것도 가능할 것이다. 어쩌면 지행회통을 유도해 내기 위한 물음으로도 볼 수 있는 것이다. 실제 뒤에서 자세히 논의하겠지만, 5 : 2의 전반에서는 "[행위의] 포기와 행위의 요가는 둘 다 지복(至福)을 짓는 일이다"[28]라고 하였고, 그 후반에서는 굳이 우열을 가린다면 차라리 "행위의 포기보다 행위의 요가가 더 뛰어나다"[29]라고 말하고 있기 때문이다. 혹은 앞의 2장에서 지혜의 길을 강조하였기 때문에, 그것을 맺으면서 제3장의 행위의 길로 나아가려는[結前起後] 역할을 3 : 1이 하고 있기 때문에, "만약 당신께서 지성이 행위보다도 더 우수하다고 생각하신다면"이라 말함으로써 3장에서 설하게 될 행위의 길에 대한 설법을 이끌어 내는 맥락인지도 모른다.

그 배경이 어떻든지 간에 3 : 1은, 샹카라의 생각과는 달리 지행회통 비판의 입장을 아르주나의 입으로 표명한 것이라 보기에는 무리가 따른다. 만약 3 : 1에 나타난 아르주나의 이야기가 신이 설한 『기타』의 정설이라 한다면, 3 : 1 이후에도 계속적으로 지성이 행위보다 우수하다는 내용이 나와야만 할 것이다. 그러나 3장에서도 5장에서도 모두 샹카라의 생각과는 다른 대답이 주어지고 있지 않았던가. 과연 샹카라의 해석이 적절한 것인지 그가 인용한 3 : 3을 다시 살펴보기로 하자.

> 옛날에 [이미], 이 세상에는 나에 의해서
> 두 가지의 기술이 설해졌다.
> 사색적인 [사람들의 완성]은 지혜의 요가에 의해서이며,
> 요가행자들[의 완성]은 행위의 요가에 의해서이다.[30)]

원론적으로 말한다면, 두 가지 기술 중에서 그 어느 것을 선택하든지 완성/해탈은 이루어질 수 있다는 것이다. 사색적인 사람들은 지혜의 요가에 의지하면 될 것이고, 요가행자들의 완성은 행위의 요가에 의지하면 될 것이기 때문이다. 지혜의 요가가 보다 적절한 사람으로 사색적인 사람을 말하고 있고, 행위의 요가가 더 적절한 사람으로는 실천적인 사람(=요가행자)을 세시하고 있다. 이로써 샹카라가 근기(根機, adhikāra, readiness)를 고려하고 있었다는 점 자체는 『기타』 자체에 그 근거가 있었던 것이다.

2. 근기론(根機論)의 문제점

샹카라가 근기를 고려하고 있는 점은 그의 다른 텍스트[31]에서도 볼 수 있는데, 그러한 근거는 『기타』에 이미 있었다. 앞서 인용한 3 : 3이 바로 그것이다. 그런데 문제는 샹카라의 해석과 『기타』 3 : 3이 말하는 의도가 서로 다르다는 점에 있다.

『기타』에서의 '근기의 고려'는 취향/지향성의 문제이다. 그렇기에 서로 다른 근기, 즉 취향이 다른 사람인 상키야(sāṃkhya)적인 사람과 요가(yoga)적인 사람 사이에도 어떠한 우열관계가 주어져 있지 않다. 이것이 『기타』 3 : 3의 본래 의미일 것으로 나는 판단한다. 앞에서 '평등적 회통'이라 말한 까닭이다.

그러나 샹카라가 근기를 고려하는 방식은 『기타』 3 : 3에 나타난 입장과는 다른 것으로 보인다. 3 : 3에서는 사색적인 사람과 요가행자로 근기를 크게 양분하고 있으나, 샹카라는 그렇게 하지 않는다. 그 대신 진리를 아는 자와 진리를 알지 못하는 자로 크게 나눈다.[32] '사색적인 사람들 vs 요가행자'라는 쌍(雙)이 '진리를 아는 자 vs 진리를 알지 못하는 자'의 쌍으로 개변(改變)됨으로써 적지 않은 의미변화가 일어난다.

우선 전자의 경우에는 앞서 지적한 대로 취향/지향성의 구분일 뿐이다. 그러나 후자의 경우는 명백히 우열의 구분이다. 진리를 이미 아는 자는 빼어난 근기(上根機)라고 할 수 있으며, 아직 진리를 알지 못하는 자는 열등한 근기(下根機)라고 할 수 있다. 전자와 같이 취향/지향성의 구분이라면 이중주제설, 즉 평등적 회통론을 의미하는 것으로 받아들일 수 있다. 하지만 후자처럼 상하로 나누게 되면 이미 평등할 수는 없는 것이다. 진리를 아는 자가 의지한 수행법이 진리를 알지 못하는 자의 수행법보다 더 뛰어난 것으로 평가

될 터이다. 따라서 회통이라고 할 수 없게 된다. 굳이 회통이라 말한다 하더라도, 그 안에서는 차별적 회통일 수밖에 없는 것이며 평등할 수는 없는 것이다. 비록 전통시대에는 그러한 차별적 회통 역시 '회통'이라 말하고는 했지만, 오늘에 이르러서는 그러한 회통은 진정한 회통이라 할 수 없음이 분명해졌다. 회통론이 아니라 차라리 교판론[33]에 떨어진 것이라 해야 할 것이다.

또 하나의 문제는 행위의 기술이 갖는 위상의 변화이다. 3 : 3에서는 행위의 길은 일부의 사람들에게는, 즉 요가행자들에게는 어엿한 해탈의 기술이었다. 그런데 샹카라는 그 점을 인정하지 않는다. 애당초 그에게는 행위를 제사의례로만 보기 때문에 해탈의 기술로서 인정할 수 없었다. 그래서 그런지는 알 수 없지만, 해탈을 얻는 데 있어서 행위가 직접적인 역할을 할 수 있다는 데까지는 나아가지 않는다. 행위는 해탈의 직접적인 원인[正因]이 될 수 없다. 어떻게 해야 해탈을 얻을 수 있는가, 라는 문제에 대한 해답을 제시함에 있어서 행위는 고려대상이 되지 않는다. 다만 해탈을 얻지 못하는 자에게 행위는 하나의 간접적인 원인[助因]이 될 수는 있다[34]고 본다. 이렇게 샹카라는 행위의 길에 대한 가치를 평가절하(評價切下)하였는데, 그것은 명백히 『기타』 3 : 3의 입장과는 다른 것이다.

더욱이 『기타』에서 행위(karma) 개념은 단순히 제사의례만을 의미하는 것이 아니라 육신을 부양해야 할 노동(3 : 8)으로부터, 어떤 행위든지 집착없이 행하는 행위라고 한다면 그것을 통해서 지고의 경지(至福)에 이를 수 있다(3 : 19)고 볼 수 있는 행위까지 다 포괄하고 있다. 따라서 샹카라의 행위 개념은 『기타』에 이르러서 이루어진 행위 개념의 확장을 있는 그대로 받아들이지 못했던 것으로 생각된다. 『기타』를 통해서, 그는 그가 종래 갖고 있었던 행위 개념을 확장할 필요가 있었을지도 모른다. 하지만 이 역시 아트만/브라만의 앎만이 해탈이라는 그의 해탈관을 생각하면 불가능한 일이었다. 그런 그에게 행위를 운위하는 사람들은 하근기일 수밖에 없는 것이었다.

물론 우리는 '근기의 고려'가 교육학적으로 매우 큰 의미가 있을 뿐만 아니라 필요한 것임도 잘 알고 있다. 그러나 여기서 우리는 '근기의 고려'라는 것이 자칫 잘못하면 오히려 비(非)/반(反)교육적일 수 있음을 지적하지 않을 수 없다. 피교육자에게 근기의 우열을 나누고, 그에 따라서 가르침이나 해탈의 기술까지 달리 처방한다는 것은 사실 매우 위험한 일일 수 있기 때문이다. Satya P. Agarwal이 말한 것처럼, "한 개인이 할 수 있는 제한된 역할에 대한 암시를 제공"[35]할 수 있기 때문이다. 제자는 스승이 생각하는 것 이상으로 많은 가능성을 가질 수 있는 것 아닌가.

근기를 고려한다고 해서 반드시 샹카라와 같은 방식의 결론에 떨어지는 것은 아니다. 그 외에도 몇 가지 가능한 방식이 더 있다. 우선 『기타』 3 : 3에서처럼, 근기는 고려하면서도 …… 사색적인 사람과 요가행자의 근기는 다르다. …… 수행법에 우열이나 차별은 두지 않는 방식이다. 또 하나의 방식은 근기의 차이를 예상하더라도, 피교육자의 근기를 교육자가 미리 예단(豫斷)하지 않고 동일한 수행법을 제시하는 것이다. 근기의 차이에 따라서 목표의 성취에 늦고 빠름은 있을 수 있지만 그 자체가 문제되는 것은 아니다. 늦게 가든 빨리 가든 목표(會)에 도달(通)하면 될 것이기 때문이다. 이 방법은 교육자가 피교육자를 기다려 주는 것으로서, 결코 피교육자를 차별하거나 한계 짓지 않는다. [36]

그러니까 근기를 고려하더라도 반드시 샹카라와 같이 그 수행법의 차이를 우열로 보지 않아도 가능하다는 것이고, 『기타』 3 : 3은 바로 그러한 입장 중 하나를 취하고 있었던 것이다. 그래서 나는 교육학적 의미가 있는 '근기의 고려'와 비(非)/반(反)교육적일 수 있는 샹카라와 같은 방식을 구별할 필요성을 느낀다. 전자를 '근기의 고려'라 부름에 대하여, 후자를 '근기론'이라 부르는 까닭이다. '근기의 고려'는 긍정적이지만 '근기론'은 부정적이라 평가하지 않을 수 없다. 『기타』 3 : 3은 '근기의 고려'에 그쳤으나, 샹카라의 해석은 그것을 근기론으로 이끌고 들어갔다. 그럼으로써 그는 굳이 지행회통을 거부하고 지혜만이 해탈도(解脫道)라는 그의 철학을 공고히 하고 싶었기 때문이리라.

Ⅳ. 행위의 포기와 행위의 관계

1. 『기타』 5 : 2의 해석

샹카라는 아르주나의 질문에 등장하는 말을 통해서, 이미 크리슈나에 의해서 그러한 내용이 설해졌을 것이라 짐작한다. 앞서 살펴본 3 : 1의 해석에서도 그러하였는데, 꼭 그와 마찬가지의 논리를 5 : 1에 대해서도 그대로 적용[37]하고 있다. 우선 5 : 1을 읽어보자.

> 크리슈나여, 당신은 행위들의 포기와
> 또 [행위의] 요가를 찬탄하고 있소.
> 이 두 가지 중에서 어느 것이 더 뛰어난 것인지
> 그 하나를 나에게 확실히 말하소서.[38]

아르주나의 말에서 크리슈나의 논리를 찾는 것에는 많은 비약과 오류가 존재함은 앞 장에서 이미 충분히 논의하였으므로, 여기서 재론하지는 않겠다. 다만 하나 주의하고 싶은 것은 이 5 : 1과 3 : 1의 문제제기가 유사하다는 점이다. 3 : 1에서는 지성(buddhi)과 행위(karma)를 대비시켰다고 한다면, 여기 5 : 1에서는 행위의 포기와 행위의 요가를 대비시키고 있다. 그렇지만 양자 공히 지혜의 요가와 행위의 요가 사이의 관련성[39]을 묻고 있는 것으로 볼 수 있다.

5 : 1에서 아르주나는 마침내 그 중에서 어느 것이 더 뛰어난 것인지, 양자택일(兩者擇一)의 분명한 답변을 요구하고 있다. 그도 그럴 만했던 것이, 이제까지 그러한 회통적 관점에 못 견뎌한 것은 아르주나였기 때문이다. 드디어 분명한 선택을 요구하고 나선다. 하나만을 선택해서 오직 그것만을 실천[專修]한다면, 훨씬 마음 편하고 목표에 쉽게 도달할[易行][40] 수 있으리라 생각했는지도 모른다. 만약 이러한 아르주나의 질문에 대해서, 크리슈나 역시 지혜든 행위든 둘 중에 어느 하나를 선택해 주고 그것 하나만을 닦으라고 했다면 문제는 간단히 해결되었을 것이다. 그러나 크리슈나는 그렇게 하지 않는다. 왜 그랬을까?

우선 생각해 볼 수 있는 것은, 그 '하나'로서 지혜의 길을 제시한다면 요가행자에게는 적절하지 않을 수 있고, 행위의 길을 제시한다면 사색적인 사람들에게는 적절하지 않을 수 있다는 것이다. 이미 3 : 3에서 설한 그대로이다. 이에 더하여, 크리슈나는 이제 또 다른 이유를 하나 더 제시해 주고 있다. 앞에서도 인용한 5 : 2에서이다. 앞서 인용하였지만, 다시 한번 더 읽어보기로 하자.

> [행위의] 포기와 행위의 요가는
> 둘 다 지복(至福)을 짓는 일이다.
> 그러나 그 둘 중에서는 행위의 포기보다
> 행위의 요가가 더 뛰어난 것이다.[41]

크리슈나는 어느 하나의 길만을 선택하여 제시하는 대신에, "[행위의] 포기와 행위의 요가는 둘 다 지복을 짓는 일이라"고 말한다. 그러므로 어느 하나를 선택할 수는 없다는 것이다. 이렇게 생각해 보면, 5 : 2은 정히 3 : 3의 반복(反復) 내지 변주(變奏)인 것처럼 보인다. 명백한 회통론이다.

그런데 문제는 5 : 2의 후반부에서 제기된다. "그러나 그 둘 중에는 행위의 포기보다도 행위의 요가가 더 뛰어난 것이라"고 말해 버리기 때문이다. "그러나(tu)"라는 역접(逆接)의 불변화사는 5 : 2의 전반부가 보여준 회통론을 뒤집어 엎는다. 중립과 평등의 관점[中道]을 제시해 오다가, 여기에 이르러서는 마치 샹카라가 그랬던 것처럼 우열의 차별을 드러내고 마는 것이다. 왜 그랬을까? 이 문제에 대해서, 샹카라는 나름의 입장을 5장 모두(冒頭)의 총론에서 다루고 있다. 먼저 그의 말을 들어보기로 하자.

> 누군가 이에 대하여 물었다. 만약 자아를 아는 자와 행위를 행하는 자 둘, 행위를 포기 하는 자와 행위의 요가를 행하는 자 둘 모두 지복으로 이끈다면, [그러면서도] 실로 그 둘 중에서 행위의 포기보다도 행위의 요가를 행하는 것이 더욱 뛰어난 것이라 말해진다면, [이는 타당한가?] 혹은 자아를 알지 못하는 자와 행위를 행하는 자 둘, [행위의] 포기와 행위의 요가 둘 중에서 그것이 둘 다 말해지는가?[42)]

샹카라는 5 : 2의 모순(?), 즉 전반부의 회통론과 후반부의 교판론의 충돌을 예리하게 부각시킨다. 그런데 특징적인 것은, 앞에서도 살펴본 바 있지만 여기서도 그는 지혜의 길을 가는 사색적인 사람들을 자아를 아는 자와 자아를 모르는 자로 다시 구분하고 있는 것이다. 그리고 나서 각기 행위의 실천자들과 짝지어서 논의를 진행해 가는 방식을 취한다. 이렇게 말이다.

> 여기서 [다음과 같이] 말해진다. ① 자아를 아는 자와 행위를 행하는 자 둘 중

에서, [행위의] 포기와 행위를 하는 자 그 둘이 다 지복으로 이끈다고 하는 말은 있을 수 없다. ② 또한 그로부터 행위의 포기보다도 행위의 요가가 더욱 우수한 것이라고 하는 것과 같은 이러한 두 가지는 불가능하다. ③ 만약 자아를 모르는 자가 행위를 버리는 자라면 그것은 잘못된 것이고, ④ 행위를 행하는 것을 특징으로 하는 요가행자는 될 수 있을 것이라고 한다면, ⑤ 그때 그 둘 중에서 행위의 요가가 지복으로 이끈다고 하는 말과 행위의 포기 보다도 [행위의 요가가] 더욱 우수하다는 말 이 두 가지는 다 가능하다.[43)] [괄호문자 – 인용자]

이러한 샹카라의 입장은 『기타』의 그것과는 차이가 있을 뿐만 아니라, 『기타』에 반(反)하면서 부정(否定)하고 있다. 그러한 점을 좀더 알기 쉽게 드러내기 위하여, 나는 『기타』 5 : 2와 샹카라의 해석이 어떻게 다른지를 도표로 나타내 보기로 한다.

표 7. 『기타』 5 : 2의 입장

	지복 획득 여부	우열 평가
행위의 포기	가(可)	열(劣)
행위의 요가	가(可)	우(優)

『기타』 5 : 2의 입장은 이렇게 표 7과 같이, 하나의 도표로 정리할 수 있다. 그런데 샹카라의 입장은 그렇게 하기 어려운 것으로 생각된다. 왜냐하면 '행위의 포기'를, 자아를 아는 자와 자아를 모르는 자로 치환(置換)하고 나서 각기 행위의 요가와 대비하고 있기 때문이다. 따라서 그의 도표는 두 개로 나

누어서 그릴 수밖에 없다.

표 8. 자아를 아는 자의 경우

	지복 획득 여부	우열 평가
자아를 아는 자	가(可)	우(優)
행위의 요가	불가(不可)	열(劣)

이 표 8은 샹카라의 해석이 『기타』 그 자체와 다르고, 심지어는 반(反)하고 있음을 잘 보여주고 있다. ①의 의미는 자아를 아는 자는 지복의 획득이 가능하지만, 행위의 요가를 통해서는 불가능하다는 것이다. 바로 그렇기 때문에 ②에서 오히려 행위의 요가[를 실천하는 자]가 자아를 아는 자보다도 더 열등하다는 것이다. 그럼, 자아를 모르는 자는 어떻게 될까? 다음 표 9와 같이 된다.

표 9. 자아를 모르는 자의 경우

	지복 획득 여부	우열 평가
자아를 모르는 자	불가(不可)	열(劣)
행위의 요가	가(可)	우(優)

여기서 '행위의 포기'를 다시 자아를 아는 자와 자아를 모르는 자로 구분

한 샹카라의 방법론에 대해서는 먼저 그 자체가 논리적으로 오류를 범하고 있다는 점이 지적되어야 한다. "S는 P이다"라는 형식의 문장에서, S를 좀더 구체적으로 S1과 S2로 양분(兩分)할 수는 있다. 그러나 그렇다고 해서, 그것이 술어의 의미를 전복하여 "~P(P는 아니다)"로 해도 된다는 것은 아니다. "S = S1 + S2"라고 할 때 "S는 P이다"가 "참"이라면, 언제나 "S1은 P이고, S2도 P이다"가 되어야 한다. 결코, "S는 P이다"가 "참"인데, "S1은 P이지만, S2는 P가 아니다"일 수는 없는 것이다. 그것은 "참"이 아니다.

좀더 쉽게 예를 들어서 생각해 보기로 하자. "모든 초등학생들은 다 귀엽다"라는 문장이 있다고 하자. 이 '모든 초등학생 어린이'를 '공부 잘하는 초등학생 어린이'와 '공부 못하는 초등학생 어린이'로 양분(兩分)할 수는 있다. 그렇지만 "모든 초등학생들은 다 귀엽다"는 명제(命題)가 '참'이라면, "공부 잘 하는 초등학생 어린이는 귀엽다"와 "공부 못 하는 초등학생 어린이는 귀엽다"가 동시에 성립되어야 한다. 둘 다 '참'이어야 하는 것이다. 그러므로 "공부 잘하는 초등학생 어린이는 귀엽다. 하지만 공부 못하는 초등학생 어린이는 귀엽지 않다"라고 하는 말은, "모든 초등학생들은 다 귀엽다"라는 명제에는 모순된다고 아니할 수 없다. 만약 누군가 그렇게 말한다면, 그는 공부의 성적을 가지고 초등학생 어린이들을 분류하고, 공부 못하는 초등학생 어린이는 차별한 것으로 지탄받을 것이다. 그것이 비(非)/반(反)교육적이기 때문이다.

이와 마찬가지로 "행위의 포기와 행위의 요가는 둘 다 지복(至福)을 짓는 일이다"라는 명제가 '참'이라면, 비록 '행위의 포기'라는 주어(S)를 '자아를 아는 자'와 '자아를 모르는 자'로 양분하는 것이 가능하다 하더라도, 그 술어는 변함없이 '지복을 짓는 일이다'가 되어야 하는 것이다. 그러므로 표 9에서 보는 것처럼, "자아를 모르는 자는 지복을 짓지 못 한다"라고 하는 것은 5 : 2

와 배치되는 것이다. 이러한 오류가 나온다는 것은, 결국 샹카라가 '행위의 포기'를 '자아를 아는 자'와 '자아를 모르는 자'로 양분한 것 자체가 잘못임을 함축하는 것이다. 만약 그것이 오류가 아니라면, 여전히 그 양자는 다 "지복을 지을 수 있다"가 되어야 했을 것이다. 문제는 샹카라의 이러한 오독(誤讀)이 『기타』의 입장을 매우 축소하였을 뿐만 아니라 심각하게 왜곡하고 있다는 점이다. 어디까지나 『기타』는 행위의 포기든 행위의 요가든 다 지복을 얻는 길임을 인정했던 것이고, 바로 그런 점에서 『기타』는 회통론이라고 평가할 수 있을 것으로 나는 본다.

2. 우열 평가의 이유와 의미

이제 남아있는 문제는 왜 크리슈나가 5 : 2에서 그 전반부와는 달리 후반부에 이르러 행위의 포기와 행위의 요가 사이에 우열을 평가하고 있는가 하는 점이다. 진정으로 둘 다 지복을 얻을 수 있다면, 그 사이에 우열은 존재하지 않을 터인데 말이다. 그렇지만 5 : 2의 후반에서 행위의 요가가 행위의 포기보다 더 우수하다고 말한 데에는 크리슈나 나름의 의도가 있었을 것이다. 그것을 한번 추론해 보고자 한다.

왜냐하면 만약 5 : 2의 후반부에 설해진대로 지혜의 요가보다 행위의 요가가 더욱 우수하다고 한다면, 그러한 『기타』의 입장은 행위의 요가에 방편(方便)적 의미 …… 자아를 모르는 자라면 의지할 수 있는 정도의 의미 …… 밖에 인정하지 않으면서 오직 지혜의 길 하나만을 주창한 샹카라의 입장과는 서로 모순되기 때문이다. 이 문제를 생각함에 있어서, 일찍이 G. V. Saroja는 다음과 같은 말을 남기고 있다.

님은 다만 "샹키야의 요가보다도 행위의 요가가 더 뛰어난 것이다(sāṅkhyayogāt karma-yogaḥ viśiṣyate)"가 아니라, "행위의 포기보다도 행위의 요가가 더 뛰어난 것이다"(karma-saṃnyāsāt karma-yogaḥ viśiṣyate)라고 말했다.[44)]

이는 행위의 포기를 지혜의 요가와 다른 차원에 두는 관점이다. 과연 그럴까? 왜냐하면 5 : 2에서의 '포기', 즉 행위의 포기는 글자 그대로 아무런 행위도 행하지 않는 것을 의미하는 것은 아니기 때문이다. 만약 그러한 의미에서의 '포기'였다고 한다면, 그렇게 '포기'한 사람의 덕성을 "미워하지도 않고 갈망하지도 않는 자"[45)]라고 말할 수는 없었을 것이다. Robert N. Minor에 의하면, "크리슈나는 행위의 포기를 집착 없는 행위, 즉 요가의 의미로 해석될 때를 제외하고서는 행위의 포기(글자 그대로 아무런 행위를 안 하는 것으로 받아들여지는 것 - 인용자)를 거부"[46)]했다는 것이다.

그러므로 5 : 2에서 말하는 행위의 포기는 행위를 하면서도 집착이 없는 것, 즉 상키야의 차원에 머물러 있을 수 있는 것을 의미한다. 그것 자체는 이미 바람직한 행위라고 볼 수 있을 것이지만, 행위의 요가라는 상대와 비교해 본다면 그래도 행(行)이 아니라 지(知)이고, 동(動)이 아니라 정(靜)이라 해야 할 것이다. 그런 까닭에 "더 뛰어나다"라고 했을 수도 있다. 그렇지만 그 차이는 사실상 큰 의미가 없는 백지 한 장 정도의 차이라고 해도 좋지 않을까 싶다. 그도 그럴 것이 5 : 5에서는 "지혜와 [행위의] 요가가 하나임을 보는 자는 [진리를] 보는 자이다"[47)]라고 했고, 5 : 4에서는 "[그 둘 중의] 하나라도 행하는 자는 동시에 두 가지의 결과를 얻는다"[48)]고 했기 때문이다. 그렇다면 굳이 5 : 2의 후반부에서 우열을 평가하지 않아도 되었을 것이다. 그런데 우열을 평가하였다. 그 까닭은 어디에 있었던 것일까?

나는 이 문제를 푸는 하나의 실마리를 『기타』의 제12장에서 발견한다. 12 : 1에서 아르주나는 또 다시 양자택일을 요구한다. 이번에는 믿음행자

(bhakta)와 불멸의 미현현을 숭배하는 자들 중에서 요가를 가장 잘 아는 자는 누구냐[49]라는 것이다. 이에 대하여 크리슈나는 12 : 3 ~ 4를 통하여 불멸의 미현현을 숭배하는 자들 역시 "나에게 온다"고 말한다. 회통론의 입장을 취한 것이다. 일단 그렇게 해놓고서 12 : 7에서는 믿음행자들에게 "즉시에 [이들을] 구제하는 자가 되어준다"[50]고 말한다.

5장과 12장의 두 경우 모두 회통 속에서 차별을 말하고, 차별 속에서 회통을 말한다. 회통 속에서 차별을 말하는 까닭은 5장에서는 바로 행위(karma)에 중점을 두고서 강조하는 맥락이고 12장에서는 믿음(bhakti)에 중점을 두고서 강조하는 맥락이기 때문이 아니었을까. 그야말로 차별은 방편(upāya)[51]이고, 회통은 근본적 취지(tātparya)가 아닐까 한다. 5 : 2의 전반부는 근본적 취지를 밝혔고, 그 후반부는 방편을 취했던 것이다. 이렇게 볼 수 있다면, 얼핏 모순인 것처럼 보이는 『기타』의 입장도 이해할 수 있는 것은 아닐까. 나는 그렇게 보고 싶다.

V. 원전과 해석의 모순

『기타』는 궁극적으로 무엇을 설하는 텍스트인가? 이러한 물음 자체가 특별한 의미를 갖는 것은 『기타』 안에 세 가지 길이 설해져 있기 때문이다. 지혜, 행위 그리고 믿음 중에서 그 어느 하나를 선택하여, 그것이 『기타』의 주제라고 할 것인가? 아니면 세 가지 길 모두 궁극적으로 해탈에 기여하는 것이기 때문에, 혹은 어느 하나의 길/기술(niṣṭha)라고 하더라도 다른 길/기술과의 관련성을 갖고 있기 때문에 그것들 사이에는 어우러짐이 있다고 보아야 할 것인가?

『기타』 해석학의 역사는 바로 이러한 주제에 대한 대답의 역사라고 해도 과언이 아니다. 그런 중에서도, 샹카라는 지혜 하나만을 해탈도(mokṣa-dharma)로서 인정한다. 이른바 지혜일원론(知慧一元論)의 입장을 취하고 있는 것이다. 그런 입장에서 볼 때, 행위나 믿음에 대해서 적지 않게 강조하고 있는 『기타』의 교설(敎說)은 샹카라에게 해결해야 할 난제(難題)를 던져주었다고 생각된다. 어떻게 『기타』 본문을 해석함으로써, 지혜 중심으로 해탈도를 천명하고 있는 그의 자기 철학에 모순되지 않게 『기타』를 재구성할 수 있을 것인가? 이것이 그가 『기타』를 주석함에 있어서 근본적으로 고뇌했던 문제가 아니었을까 싶다.

지혜 이외에 행위와 믿음의 두 가지 길/기술이 함께 설해져 있지만, 우선 비판의 화살을 집중한 과녁은 행위였다. 그도 그럴 것이 그 이전에도(그 이후에도 물론이지만) 지혜와 행위를 함께 결합함으로써 해탈에 이를 수 있다는, 이른바 지행회통론(知行會通論, jñāna-karma-samuccayavāda)이 나름대로 위세를 떨치고 있었기 때문이었다. 과연 샹카라는 어떠한 논리로 지행회통론을 비판하고 있는 것일까? 그리고 그의 비판은 타당성이 있는 것일까?

샹카라는 2 : 11에 대한 본격적인 주석을 전개하기 전 2장에 대한 총론(總論)을 전개하면서, 지행회통론에 대한 비판을 본격적으로 전개하였다. 그의 관점을 살펴볼 때, 주목할 만한 논의는 세 가지 측면에서 이루어지고 있었다.

첫째는 『기타』 3 : 3에서 보듯이, 크리슈나에 의해서 지혜와 행위가 각기 다른 근기(根機, adhikāra, readiness)의 사람들을 위한 것으로 제시되었다는 것이다. 그렇기에 서로 양자가 결합/융합될 수는 없다는 논리이다. 그렇게 두 가지 길/기술이 전혀 무관하게 제시된 것이라 한다면, 그러한 입장은 이중주제설(二重主題說)이라 해도 좋을 것이다. 그렇다면 샹카라가 말하는 이중주제설은 회통론이라 불러도 좋을까? 그렇지는 않다. 왜냐하면 지혜와 행위가 각기 따로 설해져 있다고 말한 것은 다만 지혜와 행위의 회통을 비판하기 위한 전략일 뿐, 이중적으로 설해진 두 가지 주제가 평등하다고 말하는 것은 아니기 때문이다.

둘째는 지혜가 행위보다도 더 우수한 것이라 주장한다. 그 근거로서 내세우는 것이 『기타』 3 : 1에서 아르주나가 이미 "만약 당신께서 지성이 행위보다도 더 우수하다고 생각하신다면"이라고 말했지 않느냐는 것이다. 이미 크리슈나가 그렇게 말했기 때문에, 아르주나가 크리슈나의 말을 인용하여 이러한 질문을 했다고 샹카라는 판단한 것이다. 그런데 여기에는 치명적인 오류가 보인다. 아르주나의 물음은 후론(後論, uttarapakṣa)이나 정설(正說, siddhānta)이 아니라, 크리슈나에 의해서 부정(否定)되고 말 전론(前論, pūrvapakṣa)일 뿐이기 때문이다. 아르주나의 입장을 가지고서 『기타』의 정설로 삼으려는 것은 설득력이 없다. 그도 그럴 것이, 샹카라의 생각과는 달리 3 : 3에서는 "사색적인 [사람들의 완성]은 지혜의 요가에 의해서이며, 요가행자들[의 완성]은 행위의 요가에 의해서이다"라고 설해져 있기 때문이다. 3 : 3은 수행자의 근기를 나누고 있으므로, 오히려 회통론의 논리로 생각할 수 있다. 하지만 이 역시 샹카라는 근기 개념을 단순히 취향/지향성의 다름이라 보지 않고서, 우열관계로 나누고 만다. '사색적인 사람 vs 요가행자'라는 쌍(雙)을 '진리를 아는 자 vs 진리를 모르는 자'로 변화시키고 마는 것이다. 이는 『기타』의 본의에 어긋날 뿐만 아니라, 근기에 대한 집착이라는 뜻에서 그러한 태도를 나는 '근기론'이라 부른다. '근기의 고려'는 필요하고도 교육적인 의미가 있지만, '근기론'은 비(非)/반(反)교육적이기 때문에 구분할 필요가 있다고 생각해서이다.

셋째는 5 : 2에서도 샹카라는 근기론의 입장을 한번 더 드러낸다. 5 : 2에서 설해지는 '행위의 포기 vs 행위의 요가'라는 쌍에서 '행위의 포기'를 다시

'자아를 아는 자 vs 자아를 모르는 자'로 양분한다. 그렇게 함으로써 자아를 아는 자는 지복(至福)을 얻는 것이 가능하지만, 자아를 모르는 자는 지복을 얻을 수 없다는 것이다. 이는 "[행위의] 포기와 행위의 요가 둘 다 지복을 짓는 일이다"라는 『기타』 3 : 3의 입장에는 반(反)하는 것이라 아니할 수 없다. 그러면서도 『기타』의 입장은 "그러나 그 둘 중에서는 행위의 포기보다 행위의 요가가 더 뛰어난 것이다"라고 하였다. 얼핏 모순적인 것으로 보이나, 5 : 2의 전반부는 『기타』의 근본적 취지(주제, tātparya)를 나타내고 있으며, 후반부에서는 방편적인 입장을 내보인 것으로 볼 수 있다. 지행회통의 입장이 『기타』의 근본적 취지이지만, 지금 3장이나 5장에서는 행위의 중요성을 강조하고 있으므로 지혜로 볼 수 있는 "행위의 포기보다도 행위의 요가가 더 뛰어난 것이라"고 하여 행위의 요가를 더욱 높인 것이라 생각된다. 이는 회통 속의 차별이라 할 수 있다. 그러니 어떻게 보든 5 : 2는 지행회통을 거부하면서 지혜일원론을 주장한 샹카라의 입장과는 완벽하게 반대되는 것이었다.

결국 우리는 샹카라의 지행회통 비판에서 많은 모순과 오류를 확인할 수 있었다. 결국 지행회통의 비판은 『기타』의 본래 입장을 왜곡한 것이 적지 않음을 확인할 수 있었다.

| 주 |

1 교판은 교상판석(敎相判釋)의 줄임말이다. 교판이 갖는 해석학적 의의에 대해서는 김호성 2009, pp. 74~84, 참조. 물론 교판의 방법은 불교만의 것이라 할 수는 없다. 불교에서 보다는 대중적이지 못했으나, 분명 인도철학사 안에서도 발견되고 있다. 예컨대 『기타』를 베다와 견주어서 그 위상을 평가할 때, 베단타의 세 조사(祖師)들은 각기 견해를 달리하였다. 그것은 그들의 교판이 서로 달랐음을 보여주는 것이라 할 수 있다. 木村文輝1988, p. 219, 참조. 다만 아직 '교판'에 상응하는 산스크리트를 발견하지는 못하였다.

2 회통과 유사한 말로는 융합, 병행, 병합, 조화 등이 쓰일 수 있다.

3 동아시아 불교에서 쓰는 '회통'이라는 말과 인도철학의 'samuccaya'가 반드시 개념적으로 일치/합동(合同)하는 것은 아닐 수도 있다. 동아시아 불교의 '회통'에는, 본문에서 언급한 바와 같이, 철학적 일치와 수행적 겸수의 뜻이 중첩되어서 쓰였다고 한다면, 인도철학의 'samuccaya'에는 후자의 겸수의 의미만 있다고 볼 수 있기 때문이다. 지금 이 맥락에서는 지혜와 행위의 관계만을 문제 삼고 있으므로 겸수의 의미만 있어서 'samuccya'는 가능하지만 '회통'은 불가능하다고 볼 수 있을지 모른다. 그러나 의미의 폭이 넓은 '회통'속에 이미 의미의 폭이 좁은 'samuccaya'가 들어 있으므로, 양자를 상응시키는 데에는 큰 문제는 없는 것이 아닐까 한다. 다만 그럴 때에도 그 의미가 한정될 필요는 있겠지만 말이다. 다만 그렇다고 해서 인도철학에서는 목적이 동일하면 수단의 차이는 용인된다고 하는 의미의 '회통'이 없는 것일까? 그렇지는 않다고 본다. 믿음/박티의 길에 의해서도 해탈은 가능하다고 말해지기 때문이다. 이 경우 동아시아 불교의 '회통'개념 안에 있는 '목적의 동일성 안에서 수단의 차이는 용인된다'는 의미의 회통 역시 인도철학에서도 볼 수 있는 것으로 생각된다.

4 김호성 2007a, pp. 278~293, 참조.

5 Satya P. Agarwal 1997, p. 171, 참조. Agarwal의 오로빈도론은 그 제목에서부터 '카르마 요가에서 푸르나요가로'라고 하였다.

6 김호성 2006c, pp. 99~143. ; 김호성 2007b, pp. 73~99, 참조.

7 김호성 2006b, pp. 157～173, 참조.

8 S. Radhakrishnan 1960, p. 44.

9 마에다 센가쿠 2005, p. 17.

10 T. G. Mainkar 1969, p. ⅳ. ; p. 2, 참조.

11 위의 책, p. 2, 참조.

12 이 부분의 샹카라 주석을 10송에 대한 주석으로 보느냐, 아니면 11송에 대한 주석으로 보느냐 하는 점은 의견이 엇갈리는 것 같다. 이 내용은 반드시 2 : 10에 대한 것이라기 보다는 『기타』 주석을 본격화함에 있어서 총론적 논의를 하는 것으로 보인다. 그런 까닭에, A. G. Krishna Warrier 1983의 영역본에서는 '11.0'으로 표기하여('11.0'이 길기 때문에 '11.0.a'부터 '11.0.g'까지 세분하였다), 2 : 11송에 대한 주석과 구분한다. S. Gambhīrānanda 1984 역시 마찬가지다. 이 총론적 부분을 '2.11'로 표기하는 것이다. A. G. Krishna Warrier 1983의 입장도 있음을 고려할 때, S. Gambhīrānanda 1984의 경우를 출처표기의 오류라고만 보기는 어렵다고 본다. 그들 모두 2 : 10 그리고 2 : 11 사이에서 시작되는 샹카라의 총론적 언급 부분을 2 : 10에 넣기 보다는 2 : 11에 넣었던 것으로 생각된다.

13 원문 없이 영역만 있는 S. Gambhīrānanda 1984는 모두 11쪽에 이르고, 원문과 영역을 같이 수록한 A. G. Krishna Warrier 1983은 8쪽이다.

14 이에 대해서는 김호성 2006b, pp. 167～168, 참조.

15 샹카라의 논파적 방법에 대해서는 김호성 2007a, pp. 166～168, 참조. 김호성 2007a에서는 '대화'라고 하였으나, '논파'가 더 적절할 것 같아서 여기서는 '논파'로 수정한다.

16 '행위/의례'라고 표기한 것은 karma의 의미에는 행위도 있지만 의례도 있다는 것을 나타낸다. 베다 이래의 의미는 [제사]의례이고, 샹카라는 이것을 취하고 있다. 따라서 그의 입장에서는 지혜와 제사의례의 결합을 통해서 해탈한다는 것은 받아들일 수 없는 것이다. 하지만 『기타』에 이르면, karma는 단지 [제사]의례만이 아니라 일반적인 행위 전체를 가리키기도 한다. 이 개념의 차이가 중요한데, 샹카라는 『기타』에서의 개념의 변화를 중시하지 않았던 것으로 보인다. 그런 까닭에 그의 『기타』 해석에는 문제가 있다고 보는 것이다.

17 "sarva-karma-saṃnyāsa-pūrvakāt ātma-jñāna-niṣṭhā-mātrāt eva kevalāt kaivalyaṃ na

prāpyate eva / kiṃ tarhi? agnihotr 'ādi śrauta-smārta-karma-sahitāt jñānāt kaivalya-prāptiḥ iti sarvāsu gītāsu niścitaḥ arthaḥ iti/"A. G. Krishna Warrier(1983), p. 20. ; S. Gambhīrānanda 1984, pp. 36~37, 참조. 산스크리트 원문 인용 시 로마자 표기는 연성규칙이 적용되어 있지 않는 A. G. Krishna Warrier 1983을 따르기로 한다. 그것을 저본으로 삼고 있기 때문이다.

18 niṣṭā의 번역은 법칙(Zaehner), 길(샹카라와 라마누자를 따라서 Telang), 체계(Hill), 삶의 방법(Radhakrishnan)으로 옮겨지는데[Robert N. Minor 1982, p. 107.], 나는 해탈의 기술이라는 의미로 보아서 '기술'이라 옮겼다.

19 『기타』 3 : 3의 본문은 'purā proktā mayā'인데, 샹카라의 주석에서는 'purā ved' ātmanā mayā proktā'라고 하였다. 'ved'ātmanā'를 더 넣어서 해석하고 있다.

20 "tat asat ; jñāna-karma-niṣṭhāyoḥ vibhāga-vacanāt buddhi-dvay'āśrayayoḥ/ [……] tathā ca bhagavatā vibhakte dve buddhī nirdiṣṭe 'eṣā te 'bhihitā sāṃkhye buddhi-yoge tv imāṃ śṛṇu'(2 : 39) iti / tayoś ca sāṅkhya-buddhay'āśrayāṃ jñāna-yogena niṣṭhāṃ sāṅkhyānāṃ vibhaktāṃ vakṣyati 'purāved'ātmanā mayā proktā'(3 : 3) iti / tathā ca yoga-buddhay 'āśrayāṃ karma-yogena niṣṭhāṃ vibhaktāṃ vakṣyati — 'karma-yogena yoginām'(3 : 3) iti /"A. G. Krishna Warrier 1983, p. 21.

21 A. G. Krishna Warrier 1983, pp. 23~24, 참조. ; S. Gambhīrānanda 1984, p. 39, 참조.

22 김호성 2006b, pp. 157~173, 참조.

23 이중주제설은 서로 다른 관점이나 수행법을 서로 결합하거나 연결 짓지 아니하고 있는 그대로 놓아두는 것을 말한다. 말하자면 '둘 다 그냥 두기'(存二)라고 할 수 있는데, 이는 '어느 하나로 통일하기'(歸一)와 다르다. 후자 역시 회통이라 말할 수 있을지 모르지만, 양자 사이에는 우열의 차별이 있게 된다. 따라서 진정한 의미의 회통이라 보기는 어렵다. 반면에 전자의 '존이의 회통'은 양자 사이에 평등한 관계가 존재하는 것으로서 평등적 회통이라 볼 수 있다. 나는 「이샤 우파니샤드」에 대한 샹카라와 오로빈도의 해석을 비교하면서, 샹카라는 '귀일의 회통'(그것은 양자 간의 차별적 평가가 이루어지므로 교판론에 떨어진 것이라 생각해도 좋다)을 취하였으며, 그 반면에 오로빈도는 '존이의 (평등적) 회통'을 취한 것을 확인한 바 있다. 김호성 2000b, pp. 128~131, 참조.

24 Robert N. Minor 1982, p. 107.

25 "jyāyasī cet karmaṇas te matā buddhir, Janārdana, tat kiṃ karmaṇi ghore māṃ

niyojayasi, Keśava." BG 3 : 1. 『기타』 원문의 인용은 Robert N. Minor 1982에 나타난 방식대로 구두점을 찍기로 한다. 복합어 대시(-) 표기를 한 것도 그 책을 저본으로 삼았기 때문이다.

26 A. G. Krishna Warrier 1983, p. 23, 참조 ; S. Gambhīrānanda 1984, p. 41, 참조.

27 "eka-puruṣ'ānuṣṭheyatvā saṃbhavaṃ buddhi-karmanoḥ bhagavatā pūrvam anuktam katham arjunaḥ aśrutaṃ buddheś ca karmaṇaḥ jyāyas tvaṃ bhagavati jyāyasī cet karmaṇas te matā buddhiḥ' iti/" A. G. Krishna Warrier 1983, p. 23. ; S. Gambhīrānanda 1984, p. 41.

28 "saṃnyāsaḥ karma-yogaś ca niḥśreyasa-karāv ubhau." BG 5 : 2.

29 "karma-saṃnyāsāt karma-yogo viśiṣyate." BG 5 : 2.

30 "loke 'smin dvividhā niṣṭhā purā proktā mayā'nagha, jñāna-yogena sāṃkhyānāṃ karma-yogena yogināṃ." BG 3 : 3.

31 예컨대 「이샤 우파니샤드」에 대한 주석을 들 수 있다. 김호성 2000b, pp. 120~122, 참조. 오로빈도에 의해서 비판받았던 이유의 하나가 되었다.

32 A. G. Krishna Warrier 1983, pp. 25~26, 참조. : S.Gambhīrānanda 1984, pp. 43~45, 참조.

33 교판은 자기 나름의 관점이나 철학의 제시로서 긍정적인 의미가 있지만, 교판론은 거기에 집착함으로써 타자를 배제하거나 타자를 근거 없이 열등하게 평가하는 등의 문제를 야기한다. 나는 '교판'이라는 말과 '교판론'이라는 말을 구분해서 쓴다. 내가 쓰는 '교판론'이라는 말은 그러한 부정적 평가를 함축하고 있다. 김호성 2009, p. 81. 각주 33) 참조. 흔히 교판에 대한 의견이나 이론을 교판론이라 말하는 일반적 용법과는 다른 점이다.

34 이렇게 해탈을 얻지 못한 자에게 행위가 간접적인 원인일 수밖에 없다는 점에 대해서는 샹카라의 주석을 영역한 S. Gambhīrānanda도 주목하고 있다. S. Gambhīrānanda 1984, p. 44. 각주 1)과 2) 참조.

35 Satya P. Agarwal 2000, p. 25.

36 경허(鏡虛, 1846~1912)가 취했던 교육방법이다. 경허는 '근기가 빼어난 자(機勝者)'와 '근기가 낮은 자(機下者)'로 구분하면서 근기를 고려하는 모습을 보여준다. 그러면서도 그는 '선은 상근기, 염불은 하근기'라든가, '선은 상근기, 도솔

상생은 하근기'라는 등식을 취하지는 않았다. 또한 근기라고 하는 것이 시대의 흐름에 따라서, 나중에 온 사람들이 반드시 하근기라고 보지도 않는다. 결국 경허는 근기를 고려하면서도 수행자들에게는 동일한 가르침을 제시한다. 다만 근기에 따라서 그 결과에 이르기까지 시간적으로 늦고 빠름은 없을 수 없다고 보았다. 김호성 2014, pp. 132～134, 참조.

37 A. G. Krishna Warrier 1983, pp. 23～24, 참조.

38 "saṃnyāsaṃ karmaṇāṃ, Kṛṣṇa, punar yogaṃ ca śaṃsasi, yac chreya etayor ekaṃ tan me brūhi suniścitam." BG 5：1.

39 행위의 포기가 어떻게 지혜의 요가로 이해될 수 있는지에 대해서는 후술할 것이다.

40 '선택 → 전수 → 이행'의 논리/패러다임은 일본의 '가마쿠라[鎌倉] 신불교'의 한 특징이다. 종파불교를 특징으로 하는 일본불교는, 교판론이 갖는 문제점인 '타자의 배제'라는 한계를 갖게 된다. 김호성 2011, pp. 31～36, 참조. 『기타』의 입장은 일본 가마쿠라 신불교의 그것과는 다르다. 오히려 회통론이라는 점에서 우리 불교의 전통과 일맥상통하는 바 있다. 내가 『기타』를 주제로 하여 천착해 오고 있는 또 하나의 이유이다.

41 "saṃnyāsaḥ karma-yogaś ca niḥśreyasa-karav ubhau, tayos tu karma-saṃnyāsāt karma-yogo viśiṣyate." BG 5：2.

42 "kiñca ataḥ— yadi ātmavit-kartṛkayoḥ karmasaṃnyāsa-karmayogayoḥ niḥśreyasa-karatvam, tayos tu karma-saṃnyāsāt karma-yogasya viśiṣṭātvaṃ ucyate, yadi vā anātmavit-kartṛkayoḥ saṃnyāsa-karmayogayoḥ tat ubhayaṃ ucyate? — iti." A. G. Krishna Warrier 1983, pp. 183～184. ; S. Gambhīrānanda 1984, pp. 234～235, 참조.

43 "atra ucyate — ātmavit-kartṛkayoḥ saṃnyāsa-karmayogayoḥ asambhavāt tayoḥ niḥśreyasa-karatva-vacanaṃ, tadīyāc ca karma-saṃnyāsāt karma-yogasya viśaṣṭatv 'ābhidhānaṃ ity etat ubhayaṃ anupapannam. anātma-vidaḥ karma-saṃnyāsaḥ, tat pratikūlaś ca karm 'ānuṣṭhāna-lakṣaṇaḥ karma-yogaḥ saṃbhavetāṃ, tadā tayoḥ niḥśreyasa-karatv 'oktiḥ karma-yogasya ca karma-saṃnyāsāt viśiṣṭatv 'bhidhānaṃ ity etat ubhayaṃ upapadyet."A. G. Krishna Warrier 1983, p. 184. ; S. Gambhīrānanda 1984, p. 235, 참조.

44 G. V. Saroja 1985, p. vi.

45 "jñeyaḥ sa nitya-saṃnyāsī yo na dveṣṭi na kāṅkṣati." BG 5 : 3.

46 Robert N. Minor 1982, p. 186.

47 "ekaṃ sāṃkhyaṃ ca yogaṃ ca yaḥ paśyati sa paśyati." BG 5 : 5.

48 "ekam apy āsthitaḥ samyag ubhayor vindate phalam." BG 5 : 4.

49 "evaṃ satata-yuktā ye bhaktās tvāṃ paryupāsate, ye c'āpy akṣaram avyaktaṃ teṣāṃ ke yogavit-tamaḥ?" BG 12 : 1.

50 "teṣām ahaṃ saumuddhartā[……] bhavāmi nacirāt." BG 12 : 7.

51 경허의 경우에도 회통론자이면서 차별을 이야기하는데, 그는 그러한 태도를 '편찬(偏讚)'이라 부른다. 예를 들면, 경허 스스로는 정토에 가서 태어나는 것과 도솔천에 올라가서 나는 것 사이에 우열이 있을 수 없다고 회통하면서도, 정작으로 '도솔천에 올라가서 나기'를 염원하라고 말한다. 이를 '치우쳐서 찬탄하기'라고 말한 것이다. 교육의 방편(혹은 교사의 취향)에 따라서, 그렇게 서로 다른 것을 편찬하지만 근본 취지의 관점에서 본다면 편찬되는 것이 그렇지 못한 것보다 더 우수한 것은 아니라는 입장이다. 김호성 2014, p. 180, 참조.

| 틸락의 행동주의적 해석 |

틸락은 『기타』를 해석한 자신의 저서 『기타 라하쉬야』를 통하여 샹카라, 라마누자 그리고 마드와 등으로 대표되는 전통적인 베단타 조사(祖師)들의 『기타』 해석을 비판한다. 전통적 해석들은 『기타』를 지혜의 길이나 믿음의 길에 초점을 두고 해석하여 왔으나, 틸락은 『기타』의 주제는 행위의 길에 있다고 판단한다. 그의 입장을 그 스스로 '행동주의'라고 부른다.

이 글에서는 틸락이 지혜중심으로 텍스트의 가치를 평가하는 전통적인 교판(敎判)과는 달리 지혜와 행위의 함께 닦음[兼修]을 지향하는 관점을 내세우면서 인도철학사를 새롭게 바라보고 있었으며, 다른 주석가들과는 달리 텍스트를 부분적으로 나누는 과목(科目) 나누기에도 동의하지 않았다는 점을 주목하였다.

틸락은 행위와 지혜가 관련되면서도 지혜보다 행위가 더욱 중요하다고 보았는데, 이러한 틸락 특유의 관점은 그 스스로 행위의 길 하나만을 내세우는 '행동주의'적 해석을 정립하기 위한 것이었다.

하지만 나는 그의 행동주의적 해석이 믿음의 길을 배제하고서 행위의 길 하나만을 설하고 있다는 점에서, 그가 비판하였던 전통적 해석자들과 마찬가지로 종파주의적 한계를 띠고 있었던 것으로 평가한다. 행위의 길을 중시하더라도, 그것은 다시 지혜나 믿음과 조화를 이룰 수 있는 것으로 『기타』에는 제시되어 있기 때문이다.

이 글은 「바가바드기타에 대한 틸락의 행동주의적 해석」, 『인도철학』 제22집(인도철학회, 2007, pp. 275~311.)을 통하여 발표된 것이다. 논지의 변화는 없으나, 이 책에 다시 수록하기 위하여 다소 수정과 보완 그리고 윤문을 거쳤다.

주요어

틸락, 베단타, 우파니샤드, 카르마요가, 믿음의 길, 교반, 과목, 일합설, 삼도회통.

I. 틸락의 도전, 주제 파악의 새로움

『기타』라는 텍스트와 관련한 해석의 역사[1]에서 틸락(Bal Gangadhar Tilak, 1856~1920)은 결코 간디(Mahatma Gandhi, 1869~1948) 못지 않은 중요성을 갖고 있는 인물로 평가해야 마땅하다. 아니, 어쩌면 그 이상이라 해야 할지도 모른다. 왜냐하면 그에 이르러 『기타』 해석에 행위의 길을 중심으로 하는 새로운 패러다임(paradigm)이 추가되었기 때문이다.

사실 틸락의 전공 역시 인도철학의 역사는 아니었다. 뿌네(Pune)의 데칸 칼리지(Deccan College)에서 법학을 전공했을 뿐이다.[2] 그럼에도 불구하고, 산스크리트 학자인 부친의 영향을 받으면서 그 스스로 인도철학 전반에 대한 깊은 연구를 행해간다. 그 바쁜 독립운동의 와중에서 그가 언제 그렇게 엄청난 독서를 하였는지 놀라울 정도로 그는 폭넓은 독서범위를 보여준다. 『기타』에 대한 그의 주석으로서 걸작(Magnum Opus)이라 부르기를 주저하지 않을 『기타 라하쉬야(Gītā Rahasya, 기타의 비밀, 초판 1915년.)』에는 니야야와 바이세시카를 제외한 모든 힌두철학의 전통들이 다 다루어진다. 뿐만 아니다. 콩트(A. Comte, 1798~1857)와 밀(J. S. Mill, 1807~1873) 등과 같은 서양사상가들의 이론까지 함께 논하고 있는 것이다.

현재의 미얀마 지역인 만달레이 감옥에서 집필하여 완성했다고 하는 『기타 라하쉬야』 외에도, 그는 베다에 대해서도 3권의 전문적 학술서[3]를 남기고 있는 독특한 해석자로서 이미 명망을 떨치고 있었다. 종교학의 아버지로 평가받는 동방성서(Sacred Books of the East)의 편찬자 막스 뮐러(F. Max Müller, 1823~1900)가 그의 학문적 성과를 높이 평가하면서, 그를 위하여 석방을 탄원하는 구명운동을 했을 정도로 국제적 인정도 받고 있었다.

종종 인류의 역사는 정통파에 의해서가 아니라 비정통이라 여겨지는 창조적 개인에 의해서 새로운 전기를 맞이할 때가 있다. 힌두교의 성자도 아니고 전문적 산스크리트 학자가 아님에도 불구하고 틸락은 『기타』에 대한 매우 독창적 해석을 가하고 있다. 사실 『기타 라하쉬야』는 발분(發憤)의 서(書)라고 할 수 있다. 틸락 이전에 전승되어 오던 전통적인 해석에 대해서, 그는 끓어오르는 분노를 느끼지 않을 수 없었기 때문에 붓을 들었던 것이다. 주지하는 바와 같이, 샹카라(Śaṅkara, 700~750)는 지혜의 길에 초점을 두고서 『기타』를 해석하였으며, 라마누자(Rāmānuja, 1017~1137)와 마드와(Madhva, 1199~1276)는 믿음의 길에 초점을 두고서 『기타』를 이해해 왔던 것이다. 이러한 전통적 해석에 대해서 틸락은 도저히 승복할 수 없었던 것이다. 그의 눈에는 분명, 『기타』는 행위의 길(karma-yoga)을 주제로 하고 있는 텍스트로 보였기 때문이다. 이러한 그의 입장을 틸락은 행동주의(Philosophy of Energism)라 부르고 있다.

나는 앞서 『기타』의 주제에 대한 틸락의 관점을 방법/독서법의 측면에서 살펴본 일이 있거니와, 여기서는 『기타』의 주제론과 관련한 틸락의 입장을 논의해 보기로 한다. 과연 틸락이 어떠한 논리적 맥락 속에서 행동주의적 『기타』 해석을 이루고 있는 것일까? 그리고 그러한 틸락의 행동주의적 해석에 대해서 우리는 어떻게 평가할 수 있을까? 만약 동의할 수 없는 부분이 있다면 어떠한 부분에 대해서이며, 또 어떠한 논리로 비판할 수 있을 것인가?

Ⅱ. 행동주의적 해석의 확립

1. 지혜와 행위 사이의 교판(教判)

교판이라는 작업은 둘 이상의 철학 내지 텍스트를 놓고 그것들 사이의 우열을 평가하는 것을 말한다. 불교해석학의 역사에서 빈번하게 볼 수 있지만, 사실 그것은 인도철학에서도 발견[4]할 수 있다. 그런만큼 보편적인 방법론의 하나로 볼 수 있다. 교판이라는 술어를 불교 밖의 인도철학 일반에까지 확대 적용하고 있는 이유이다. 틸락에게서도 우리는 교판적 사유를 확인해 볼 수 있다. 『기타』에 대한 전통적 해석들에 만족하지 못하고 비판적이었던 만큼 그 이전까지 전해져 내려온 인도철학사의 흐름에 대한 평가/교판에 대해서 문제를 제기하고 있는 것이다.

(1) 틸락 이전의 주류적 교판

인도철학사에 등장하는 거의 모든 텍스트의 어머니는 베다라 할 수 있을 것이다. 종래 이 베다의 구성에 대하여 여러 가지로 분류하는 방식이 제기되어 있으나, 베다를 지혜편(jñāna-kaṇḍa)과 행위편(karma-kaṇḍa)의 두 부분으로 나누어 보는 방식에 주목해 본다. 이 둘 가운데 행위편을 보다 낮은 층위로 말하고, 지혜편을 보다 높은 층위로 말하는 것[5]은 이미 지혜의 길에 입각하여 베단타를 확립한 샹카라의 교판을 수용하고 있음을 보여주는 것이다.

그렇지만 시간적으로 보아서 먼저 성행했던 것은 행위이다. 베다와 브라흐마나 시대에는 행위/제사의례(karma)가 주류를 이루었다고 말할 수 있다. 그러나 이에 역전이 이루어지는데 그것은 우파니샤드의 출현에 의해서였다. 지혜편이 갖는 전통은 우파니샤드를 거쳐서 베단타 학파로 이어지고, 그 베단타 학파의 전통이 현대 인도철학에 이르기까지 인도철학사의 주류를 형성하면서 이어지고 있다는 관점이다. 그러므로 베단타의 전통에 의지하여 지혜의 길이 현재에까지 주류의 지위를 차지해 왔다고 말해도 좋을 것이다. 더욱이 베단타에 세 학파가 있었으나, 그 중에서도 역시 보다 중심적인 흐름을 만들어 온 것은 샹카라의 불이일원론이었으며 라마누자(Rāmānuja,

1017~1137)의 한정적 불이일원론과 마드와(Madhva, 1199~1276)의 이원론은 주류로까지 상승되지는 못한 것으로 평가된다. 이를 도표로 나타내면 다음과 같다.

표 10. 베단타 학파의 전통적 흐름

베다	지혜편	『기타』	지혜	불이일원론	
			믿음	한정적 불이일원론	근대인도사상
				이원론	
	행위편	미망사			

이 도표에서 보는 것처럼, '베다 → 불이일원론'으로 연결되는 직선이 가장 주류라고 보는 교판이 분명히 존재하고 있는 것이다. 이러한 교판에서 보다 낮게 평가되는 것은 둘이다. 하나는 베다의 지혜편을 잇고 있는 흐름 중에서 상키야인데 베단타보다 비주류라고 보는 것이며, 다른 하나는 베다의 행위편을 잇고 있는 미망사 역시 베단타보다 낮게 평가된다.

우선 상키야의 입장을 생각해 보자. 상키야 역시 그 전변설(轉變說, pariṇāma vāda)의 발전과정을 볼 때 베다의 지혜편에 잇대어 있으면서 우파니샤드를 거쳐서 상키야 학파로 가게 된다. 그리고 상키야 학파의 전변설의 초기 형태가 나타나 있는 우파니샤드로는「찬도기야 우파니샤드」·「카타 우파니샤드」그리고「슈베타슈바타라 우파니샤드」등이 있다.[6] 이러한 길을 따라서 형성된 상키야 사상은 그 자매학파인 요가학파의 수행론을 형이상학적으로 근거지우면서 그것과 함께 짝이 되어 인도철학사에서 하나의 큰 흐름을 형성해 왔기 때문이다.

특히 샹카라의 아드와이타 베단타를 중심으로 하는 베단타가 인도철학사에서 현교(顯敎)/양(陽)의 위상을 차지하고 있다면 상키야·요가는 다시 탄트라로 연결되면서 밀교(密敎)/음(陰)의 위상[7]을 확보하고 있는 것으로 평가할 수 있다. 다시 말하면 베단타의 입장에서 베단타를 주류로 평가하고 상키야를 소외시키는 교판 자체는 베단타 학파 내에서만 인정받을 수 있을 뿐, 널리 보편적인 것으로 받아들여야 할 이유는 없음을 나타낸다. 실제로 오로빈도(Aurobindo Ghose, 1872~1950)의 경우 그의 '통합 요가(Integral Yoga)'안에 상키야 사상을 수용함으로써 샹카라와는 다른 자기 철학(svapadāni)을 제시[8]하였는데, 그 역시 베단타 사상가임은 틀림없지만 그렇다고 해서 샹카라 이래 흘러내려온 불이일원론을 주류로 보고서 상키야를 배제하는 교판을 그대로 받아들이는 것은 아니다. 그것과는 다른 입장을 취하고 있음이 분명하다. 틸락 역시 『기타』 해석학의 역사 안에서 상키야적 요소가 주목받지 못함을 한탄한다.[9]

다음으로 베다의 행위편에서 미망사로 흘러가는 '행위의 길'의 소외 문제에 대해서는 절을 바꾸어서 자세히 논의해 보기로 하자.

(2) 틸락의 새로운 교판

베다의 지혜편을 같이 계승했음에도 불구하고 베단타로부터 샹키야가 소외된 바를 생각할 때, 베다의 행위편으로부터 연원한 흐름은 그 소외의 양상이 더욱 극심해지리라는 점은 짐작가능한 일이다. 베다의 행위/제사의례를 재해석해 가는 해석학파로서 확립된 것이 미망사학파이다. 비록 틸락은 행위의 길을 주류로서 평가하고는 있지만, 그렇다고 해서 이 '베다의 행위편 →

미망사'의 흐름을 주류라고 교판하지는 못한다. 그때의 행위는 제사의례로서의 행위이기 때문이다. "천국에 가려는 자는 제사를 지내야 한다(svarga-kāmaḥ yajeta)"는 미망사 학파의 의례관이 『기타』에 수용되는 것은 아니기 때문이다.

오히려 『기타』는 먼저 지혜의 길에 입각한 뒤에 '베다의 행위편 → 미망사 학파'로 이어지는 행위의 길(물질적 제사에 의한 생천의 길)을 포섭해 간다. 이때 '포섭'의 의미는 비판적 승화이다. 『기타』는 베다의 행위편이라 할 수 있는 제사의례로서의 행위 개념을 비판한다. 비판의 근거는 지혜이다. 그리하여 지혜의 입장에서 제사를 말한다. 그것이 '지혜의 제사'[10]이다. 이는 '제물의 제사'라고 할 천국을 지향하는 물질적 제사를 비판하면서 그 대안으로 제시된 '지혜의 제사'(4 : 33) 개념 속에 극명하게 드러난다. 지혜라고 하는 반(反, antithese)의 과정을 거쳐서 나온 합(合, synthese)라고 할 수 있다.

이러한 행위 개념의 『기타』적 변용을 가져오는 데에는 우파니샤드(=Vedānta)의 작용이 있었음이 간과되어서는 아니된다. 비록 우파니샤드 역시 베다에 뿌리를 잇대고 있지만 베다의 흐름을 이으면서도[11] 지혜의 방면으로 더욱 철저하게 밀고 나아가기 때문이다. 밖에서가 아니라 안에서 해탈을 구하게 된다. 이러한 우파니샤드 사상의 특징을 가장 극적으로 대변하고 있는 것은, 주지하는 바와 같이, "그것은 바로 너이다(tat tvam asi)", "내가 브라만이다(ahaṃ Brahmāsmi)"[12] 등과 같은 대격언(大格言, mahā-vākya)이다. 그러니까 문제는 자기 스스로가 곧 브라만/아트만임을 아는 데 있게 된다. 만약 아트만을 알기만 하면 그 순간 바로 아트만이 된다(知卽成). 이것이 우파니샤드에서 말하는 해탈이며 지혜의 길(jñāna-yoga)이다.

이상과 같은 논리적 과정을 거쳐서 『기타』로부터 미망사적 행위가 배제된다. 행위가 제례나 계급적 의무의 의미로 이해되는 한, 그것들이 아트만/브라만의 앎을 위해서 어떠한 기능이나 도움도 될 수 있으리라 보이지 않기 때문이다. 오히려 그같은 행위들이 지혜의 길로 나아가려는 사람들에게 장애가 될 지도 모른다. 샹카라는 바로 거기에 서있었던 것으로 평가할 수 있다. 행위/제사의례 없이 지혜 하나만으로 해탈이 가능하다고 말하게 되었던 것이다. 그러나 틸락은 바로 여기에서 샹카라적 교판에 이의를 제기한다.

> 이 제의적 행위의 길(karma-mārga)은 오랜 옛날부터 성행하였는데, 『기타』에서는 '미망사'라는 단어가 나오지 않는다. 그리고 그것은 우리가 그것을 그 대신 세 가지 법(trayīdharma, BG 9 : 20~21) 또는 세 가지 知(trayīvidyā)에서 찾아보는 이유이다. 아란야카, 우파니샤드들은 시간적으로 볼 때, 슈루티(śruti, 계시서)에 의해서 제시된 희생제의를 서술하는 브라흐마나 보다 늦게 이루어진 베다 문헌이다. 이들 문헌들은 희생제의는 열등하며 브라만에 대한 앎이 우수하다고 주장하기 때문에 이들 후대의 작품들에서 묘사된 종교는 지혜편(jñāna-kāṇḍa)으로 알려지고 있다. 그러나 다양한 우파니샤드들은 그것들을 조화시키는 데 필요한 다양한 아이디어를 포함하고 있다. 이는 Brahma-Sūtra, 혹은 Śārīra-Sūtra, 혹은 Uttara-Mīmāṃsā라고도 알려져 있는 Vedānta-Sūtra에서 바다라야나(Bādarāyaṇācārya)에 의해서 행해졌다. 이런 방식으로 Pūrva-Mīmāṃsā와 Uttara-Mīmāṃsā는 현재 행위편과 지혜편을 제각기 다루고 있는 두 편의 문헌들(treatises)이다. 엄밀히 말하면, 이들 두 문헌은 공히 기본적으로 베다적 표현들, 즉 미망사의 의미를 토의한다.[13)]

틸락의 입장은 우파니샤드에서부터 『기타』로 이어지는 지혜의 길을 인정하더라도 그것만은 아니라는 것이다. 이를 논증하기 위해서는 지혜만이 아니라 지혜와 더불어 행위를 함께 설하는 우파니샤드의 존재 역시 인정되어야 한다고 보았다. 그래서 틸락은 지혜편으로 해석될 수밖에 없는 우파니샤드와는 다른 사상적 요소를 갖고 있는 우파니샤드에 대해서도 각별한 관심을 갖고 그러한 측면을 부각시키려 노력한다.

> 지식을 얻은 결과 그의 마음 속에서 모든 욕망이 사라져 버린 뒤에 해탈을 얻기에 적절한 사람들은 (그들을) 천국으로 인도하는 욕망에 이끌린 행위를 행할 필요는 없다고 어떤 우파니샤드들은 말한다. 그리고 다른 우파니샤드, 예컨대 「이샤(Īśāvāsya) 우파니샤드」 등은 그럼에도 불구하고 세계를 (복되게 하는) 행위들이 계속 이루어지기 위해서는 모든 이러한 행위들이 행해져야만 한다고 주장한다. 『기타』(5 : 2)는 우파니샤드들에 의해서 처방된 이 두 가지 길 중에서 두 번째 길을 받아들이고 있다는 것이 명백하다.[14]

여기서 우리가 확인할 수 있는 것은 둘이다. 하나는 우파니샤드 안에도 샹카라의 교판과는 달리 지혜의 길만이 아니라 지혜와 행위의 조화를 설하는 우파니샤드 역시 존재한다는 판단이다. 「찬도기야 우파니샤드」·「타이티리야 우파니샤드」·「슈베타슈바타라 우파니샤드」·「카타 우파니샤드」 그리고 「카우쉬타키 우파니샤드」[15] 등에서도 지혜와 행위를 함께 실천하라는 지행겸수(知行兼修, jñāna-karma-samuccaya)[16]의 입장을 본다. 틸락은 베다에서도 지혜편과 행위편의 두 부분이 있었던 것처럼 『우파니샤드』에서도 지혜편을 주로 설하는 우파니샤드와 지행겸수의 입장을 주로 설하는 우파니샤드로 이분(二分)할 수 있다고 교판한다. 그러면서 두 번째로 『기타』는 지혜의 길보다는 행위의 길(=知行兼修의 길)을 받아들이고 있다는 판단을 한다. 이러한 두 가지 교판의 대립을 간략히 정리해 보면 다음과 같이 된다.

표 11. 두 가지 교판의 대립

틸락 이전의 주류적 교판

베다의 지혜편 → 우파니샤드(지혜편) →
『기타』(=지혜의 길) → 불이일원론 베단타

틸락의 교판

베다(지혜편+행위편) → 우파니샤드(지혜편, 지혜편+행위편) →
『기타』(지혜의 길 + 행위의 길, 지혜의 길 〈 행위의 길) → 『기타 라하쉬야』

틸락 이전의 교판은 베단타의 세 갈래 흐름 중에서도 특히 샹카라의 불이일원론의 입장임을 우리는 쉽게 이해할 수 있다. 이러한 흐름에서는 베다의 행위편의 전통은 외면되어 왔다. 인도철학사 내지 베단타의 역사에서 오직 지혜의 길 하나(=知慧一元論)만이 아니라 지혜와 행위가 함께 흘러오다가 마침내 『기타』에 이르러서 행위의 가치가 더욱 크게 부각되고 선호되었다. 하지만 샹카라의 불이일원론 베단타의 영향으로 지행겸수의 길은 소외되기에 이르렀다. 그 증거는 『기타』에 대한 전통적 주석들이 행위의 길에 초점을 두지 못하고 있었다는 점에서 찾을 수 있다. 그리고 이제 틸락 스스로 그러한 잘못된 과거의 이해방식/교판을 바로 잡고자 한다. 비록 '베다의 행위편 → 미망사의 행위'개념을 그대로 잇는 것은 아니지만, 틸락은 그의 행동주의적 『기타』 해석 안에 그같은 흐름과 잃어버렸던 지행겸수의 길을 되살리고자 했던 것이다.

2. 과목(科目) 아닌 과목의 제시

하나의 텍스트 안에서 그 내적 구조를 세분하면서 그 세분된 의미를 다시 전체적 맥락 속에 위치지우는 해석학적 장치를 불교해석학에서는 과목(科目)이라 한다. 따라서 과목 나누기를 통해서 하나의 텍스트에 대한 분석과 종합을 동시에 수행(遂行)할 수 있게 된다. 과목의 묘미는 동일한 텍스트를 놓고서도 해석자마다 과목이 다를 수 있다는 점에서 찾아볼 수 있다. 과목 나누기가 다르다는 것은 곧 해석자들마다 자기 철학이 다르다는 사실을 잘 보여주는 것이라 할 수 있다.[17]

(1) 종래의 과목에 대한 틸락의 비판

틸락이 『기타』를 해석하는 과정에서 보여준 가장 중요한 관점은 그가 『기타』에서 설해지는 가르침을 온전히 한 덩어리로 보고 있다[18]는 점이다. 한 가지 이야기, 즉 그것도 행위를 그 주제로서 설하기 위해서 『기타』가 존재한다는 것이다. 그러니까 틸락의 입장에서는 내용적으로 『기타』를 분과(分科)하는 과목 나누기의 방법을 거부할 수밖에 없었을 것이다. 그는 그 이전에 존재하던 과목 나누기라는 방법론을 분명히 의식하고 있으면서도 그것을 거부하고 있는 것이다.

틸락 이전에 존재하던 과목 나누기의 대표적 사례는 『기타』를 크게 세 부분으로 나누어 보는 삼분설(三分說)이라 할 만한 것이었다. 이른바 다음과 같은 혹자(或者)의 설이다.

> 행위의 길의 해명은 여기, 즉 6장 말미(末尾)에서 끝난다. 그 이후부터 거룩한 님은 지혜의 길과 믿음의 길을 서로 독립적이거나 그 중요성에 있어서 카르마 요가와 동일하지만 그것과는 다르며, 또한 카르마 요가의 길에 대한 대체물로서, 따르기에 적절한 두 가지의 독립적인 길이라고 서술하였다. 믿음의 길은 7장부터 12장에 걸쳐서 서술되었으며, 나머지 6장에서 지혜의 길이 설

해졌다고 한다.[19)]

그렇다고 한다면, 여기서 혹자는 누구를 가리키는 것일까? 바로 불이일원론 학파의 마두수다나(Madhusūdana Saraswatī, 16세기)이다. 그는 「찬도기야 우파니샤드」의 대격언 "Tat tvam asi"를 가지고 와서 그 순서를 바꾸어 'tvam → tat → asi'로 한 뒤 『기타』의 각 6장씩을 거기에 배당하였다는 것이다.[20)] 이를 도표로 나타내면 다음과 같이 된다.

표 12. 『기타』에 대한 마두수다나의 과목
tvam – 행위의 길 : 1~6장
tat – 믿음의 길 : 7~12
asi – 지혜의 길 : 13~18

이러한 마두수다나의 과목에는 『기타』는 행위의 길, 믿음의 길 그리고 지혜의 길을 평등하게 삼분하여 설하고 있다는 평가가 담겨 있는 것이다. 그런데 이러한 삼분설에 대하여 틸락은 "말이 되지 않는다"[21)]고 일축한다. 그 이유는 무엇일까? 『기타』에는 세 가지 길이 설해져 있다는 삼분설이 입각하고 있는 전제에 대하여 그가 동의하지 않기 때문이다. 우리가 종래에 『기타』를 공부하면서 가져왔던 견해, 즉 『기타』에는 지혜·행위 그리고 믿음의 세 가지 길이 설해져 왔다고 하는 상식을 틸락은 그 근저로부터 전복하고자 시도하고 있는 것이다.

진실로 말해서 『기타』는 다만 포기(saṃnyāsa)와 행동주의(karma-yoga)의 두 길만을 제시한다(5 : 1). 그리고 이들 두 길 중에서 카르마 요가가 더 위대하다고 하는 명확한 판결이 거기에는 제시되어 있다. 믿음은 어디에서고 제3의 독립된 해탈도(解脫道, nīṣṭha)로서 언급되어 있지 않다. 그러므로 지혜, 행위 그리고 믿음이라는 세 가지 독립된 길의 이론은 종파주의에 사로잡힌(doctrine-supporting) 해석자들의 창안이다. 그리고 그들의 의견으로는 『기타』는 다만 해탈을 얻기 위한 수단으로만 간주하며, 그들은 명백하게 바가바타로부터 이들 세 가지 길에 대한 아이디어를 얻었던 것이다(Bhag 11.20.6). 그러나 이들 주석가들은 『바가바타 푸라나』에서 도달된 결론과 『기타』의 그것이 같지 않다는 사실을 깨닫지 못하고 있다.[22)]

첫째, 틸락은 『기타』에는 세 가지 길이 아니라 두 가지 길만이 제시되어 있다고 보는데 그 근거는 다음과 같은 5 : 1이다.

크리슈나여, 행위의 포기와 [행위의] 요가를
당신은 둘 다 찬탄하고 있소.
이 두 가지 중에서 어느 것이 더 뛰어난 것인지,
그 하나를 나에게 확실히 말하소서.[23)]

여기에는 분명 두 가지 길만이 제시되어 있다. 3 : 3에서도 마찬가지다. 믿음의 길은 등장하지 않고 있는 것이다. 틸락은 이렇게 행위의 길이 본격적으로 설해지는 부분에서 믿음의 길이 제시되지 않음을 문제삼고 있다.

둘째, 믿음의 길까지 포함하여 세 가지 길의 존재를 주장하는 견해는 모두 '종파주의에 사로잡힌'[24)] 것으로 보고 있다. 이렇게까지 생각하는 것은 종래의 전통적 해석들이 모두 베단타의 어느 종파에 소속한 해석자들에 의해서 이루어진 것이기 때문이다. 여기서 우리는 전통적 해석에 대한 그의 비판의 논리가 종파주의에 대한 비판에 초점이 맞추어져 있음을 알게 된다.

셋째, 믿음의 길의 강조는 『바가바타 푸라나』에 의해서 이루어지는 것으로서 그것과 『기타』의 입장은 다르다는 점을 주장한다. 이러한 관점에서 틸락은 믿음의 길을 해탈도로서 인정하지 않는다. 그렇기에 세 가지 길의 입장에서 『기타』를 셋으로 나누어 보는 마두수다나의 입장을 비판하고 있는 것이다.

(2) 일합설(一合說)의 제시

『기타』 전체의 700송을 18장으로 나누고 각 장에 적절한 이름을 붙이는 것 자체가 소박하지만 사실상 하나의 과목 나누기라고 해야 할 것이다. 하지만 이를 보다 거대하게 묶어서 상위범주를 만들어 주면서 조직화하는 것도 불가능한 것은 아니다. 마두수다나가 그러한 작업의 일환으로 삼분설을 제시한 것이 그 일례일 것이다.

그러나 틸락은 과목을 나누지 않는다. 그렇기에 그의 과목론을 과목무용론(科目無用論)이라 해도 좋을 것이다. 하지만 『기타』 전체가 하나라고 보는 점에서 굳이 말하자면 일합설이라 해서 좋을지도 모르겠다. 과연 틸락은 어떤 근거에서 『기타』의 18장을 하나로 종합하고 있는 것일까? 이에 대한 틸락의 의견을 살펴보기 전에, 『기타』 각 장의 말미에 붙어있는 미제(尾題)를 일독(一讀)해 보기로 하자.[25)]

① Arjuna-viṣāda yoga(아르주나의 회의의 요가)
② Sāṃkhya yoga(상키야 체계에 의한 요가)
③ Karma yoga(올바른 행위의 요가)

④ Jñāna-karma-saṃyāsa yoga(지혜와 행위의 포기의 요가)

⑤ Saṃyāsa yoga(포기의 요가)

⑥ Dhyāna yoga(명상의 요가)

⑦ Jñāna-vijñāna-yoga(정신적 지혜와 세속적 지혜의 요가)

⑧ Akṣara-brahma yoga(불변하는 브라만의 요가)

⑨ Rājavidyā-rājaguhya yoga(믿음의 왕과 신비주의의 왕의 요가)

⑩ Vibhūti Yoga(현현의 요가)

⑪ Viśva-rūpa-darśana yoga(우주적 모습의 시현의 요가)

⑫ Bhakti-yoga(믿음의 요가)

⑬ Kṣetra-kṣetrajña-vibhāga yoga(몸과 아트만 안으로 우주가 분열되어 가는 요가)

⑭ Guṇatraya-vibhāga yoga(물질이 세 가지 속성으로 나누어지는 요가)

⑮ Puruṣottama-yoga(최고아의 요가)

⑯ Daivāsura-saṃpat-vibhāga yoga(선한 기질과 악한 기질의 분리의 요가)

⑰ Śraddhā-traya-vibhāga yoga(세 가지 믿음의 분리에 대한 요가)

⑱ Mokṣa-saṃyāsa yoga(포기에 의한 해탈의 요가)

『기타』는 전체 700송밖에 되지 않는 작은 텍스트이지만, 실로 이렇게 다양한 주제들이 설해지고 있다. 바꾸어 말하면, 이렇게 다양한 주제들에 대한 논의들을 『기타』는 그 안에서 하나로 아우르고 있다고 볼 수 있다. 문제는 이렇게 다양한 주제들이 설해져 있는 만큼 그것들을 몇 가지 범주로 나누어 보면서 평가하는 것이 가능할 것이고, 어쩌면 더욱 자연스런 일일지도 모른다는 점이다. 그런데 틸락은 그렇게 하지 않는다. 과연 어떻게 하나로 아우를 수 있다는 말일까? 틸락은 이렇게 말하고 있다.

비록 『기타』의 전체가 다만 유일한 주제, 즉 '브라만에 대한 지혜 안에 포함되어 있는 행위의 길에 대한 철학'만을 다루고 있을지라도 각 장에서 서술되는 주제는 이러한 카르마 요가 철학의 일 부분으로 간주되기 때문이다. 그리고 각 장은 그 안에서의 주제와 관련하여 '이러한 요가', '저러한 요가'라고 불리운다. 그리고 모든 이러한 요가가 모두 함께 취하여져서 '브라만에 대한 지혜 안에 포함되어 있는 행위의 길에 대한 철학' 전체를 형성하는 것이다.[26)]

『기타』 전체의 주제는 '브라만에 대한 지혜 안에 포함되어 있는 행위의 길이며, 각 장의 여러 가지 요가는 모두 이 전체 주제와 관련하여 존재하는 그 일부분으로 간주된다고 본다. 틸락이 『기타』 전체의 주제라고 평가하는 하나의 요가, 즉 행위의 길과 18장으로 이름지어진/나누어진 18가지 요가 사이의 조화의 문제는 좀더 설득력있게 논증될 필요가 있다. 왜냐하면 틸락의 위와같은 언급은 거대담론으로서의 총론에 지나지 않으며 보다 세부적인 각론적 논의는 생략되어 있기 때문이다. 그가 제시하는 것은 다만 18장에 걸친 이러한 제목들이 제시되어 있는 각 장의 미제(尾題)에 대한 천착일 뿐이다. 예를 들면 1장 말미의 경우는 다음과 같다.

iti śrimad-bhavadgītāsu upaniṣatsu brahmavidyāyāṃ yogeśāstre śrīkṛṣṇārjuna-saṃvāde arjunāviṣāda-yogo nāmo prathamo 'dhyāyaḥ[27)]

이상이 성스러운 바가드기타의 우파니샤드, 즉 브라만에 대한 지식이며 요가의 성전이고 성스러운 크리슈나와 아르주나의 대화 중에서 '아르주나의 회의'라고 이름하는 제1장이다.

이 중에 모든 장에 공통되는 것으로서, 『기타』의 주제 파악과 관련하여 틸락이 특별히 주목한 부분은 śrimad-bhavadgītāsu upaniṣatsu brahmavidyāyāṃ yogeśāstre śrīkṛṣṇārjuna-saṃvāde라는 부분이다. 이들은 모두 처격으로 연결되어 있다. 틸락은 여기서 yogaśāstra가 곧 karma-yoga-śāstra라고 본다.[28] 브라만에 대한 앎 안에서 이루어지는 요가이므로, 그것은 카르마 요가를 지시하는 것으로 볼 수 있다는 것이다. 그리고 틸락은 이 미제가 『기타』의 편집 당시부터 존재했었다[29]고 말함으로써 그 권위를 더욱 강화시켜 간다.

3. 틸락이 보는 카르마 요가

틸락은 교판과 과목론을 통하여 행위의 길에 대하여 독자적 위상을 설정/부여하고 『기타』 18장 전체는 행위의 길 하나로 일관하는 것으로 보고 있음을 확인하였다. 이러한 과정은 모두 그 이전에 선행하고 있던 전통적 해석에 대한 비판을 통하여 제시되었다. 이제 여기서는 그러한 파사(破邪)를 기반으로 하면서도 그에 뒤이어, 틸락 그 자신이 보다 직접적으로 그 자신의 카르마 요가관(觀)을 어떻게 제시[顯正]하고 있는지 살펴보기로 한다.

첫째, 행위의 길의 첫 번째 원리로서 틸락은 순수지성, 즉 결단력을 성품으로 삼은 지성(vyavasātmikā buddhi)을 청정하고도 확고하게 만들 것이 필요하다고 본다.[30] 이는 『기타』 2 : 41에 근거한 것이다.

> 그런데 결단력을 성품으로 삼은 지성은
> 하나이며, 쿠루족의 기쁨이어,
> 또한 결단력이 없는 사람들의 지성은
> 실로 여러 갈래이며 끝이 없다.[31]

이 부분을 언급하고 있는 것은 틸락의 행위의 길 역시 지성에 입각한 행위 임을 가리키는 것으로 볼 수 있기 때문이다. 이를 위해서 필요한 부분이 바로 파탄잘리(Patañjali) 요가이다. 따라서 『기타』 6장에서 설해지는 파탄잘리 요가는 카르마 요가로부터 독립된 것이 아니라 순수지성을 청정하고도 확고하게 하는 것이라며 회통(會通)한다.[32] 이러한 언급은 틸락 역시 지행회통(知行會通)의 입장을 받아들이고 있음을 알 수 있다. 그러나 후술할 바와 같이, 믿음의 길과 행위의 길의 회통은 인정하지 않는다.

둘째, 행위의 길만으로도 해탈을 얻을 수 있는가 하는 문제에 대해서 그렇다고 말한다. 물론 틸락 이전의 주류적 교판에서는 행위에서 다만 예비적인 의의를 인정할 수 있을 뿐이라고 말해 왔다. 행위를 통하여 먼저 마음을 정화한 뒤에 마침내 행위를 포기하고 지혜를 얻어야 한다는 것이다. 이러한 선행후지(先行後知)에 대해서 틸락은 동의하지 않는다. 그 이유는 『기타』 자체가 그렇게 설하고 있지 않기 때문이다. 적어도 행위는 지혜만큼이나 동등한 위상을 갖고서 설해져 있기 때문이다. 3 : 3과 5 : 5에서이다.

옛날에 [이미] 이 세상에는 나에 의해서
두 가지 기술이 설해졌다.
지혜로운 [사람들의 완성]은 지혜의 요가에 의해서이며,
요가행자들의 [완성]은 행위의 요가에 의해서이다.[33]
지혜로운 자들이 보는 것은
요가수행자들에 의해서도 도달된다.
지혜와 수행이 하나임을 보는 자,
그는 [진리를] 보는 자이다.[34]

이러한 『기타』의 증언/성언량(śabda)은 결코 행위가 종속적이라거나 예비적인 개념이 아님을 알 수 있게 한다. 행위를 지혜보다 종속적인 것으로 판단하는 경우는 행위가 지혜를 속박하는 원인이라고 하는 인식이 그 밑바탕에 놓여있기 때문이다. 그러나 그것은 『기타』적 의미의 행위, 즉 결과에 집착하지 않고 구함이 없는 행위의 경우에는 해당되지 않는다. 즉 욕망을 떠난 행위는 속박의 원인이 아니기 때문이다.

셋째, 지혜와 행위가 서로 밀접한 관련을 맺고 있다는 점은 인정한다. 그러나 틸락은 그 둘 중에서 다시 우열을 구분한다. 다음과 같은 5 : 2를 근거로 행위의 길이 지혜의 길보다 더욱 우수한 길이라고 보고 있는 것이다.[35)]

> [행위의] 포기의 길과 행위의 길은
> 둘 다 지복(至福)을 짓는 일이다.
> 그러나 그 둘 중에서 행위의 포기보다
> 행위의 길이 더 뛰어난 것이다.[36)]

틸락은 믿음의 길이 독립된 해탈도가 아님을 주장하였다. 그리고 나면 남는 것은 지혜와 행위 뿐이다. 이들 지혜와 행위 중에서 행위의 길이 더욱 우수하다고 틸락은 평가한다. 그럼으로써 그는 『기타』에는 지혜, 행위 그리고 믿음의 세 가지 길이 설해져 있는 것이 아니라 행위의 길 하나만이 설해져 있다고 말한다. 이런 그의 입장을 틸락은 행동주의(Energism)라 하였으며, 나는 행위일원론 내지 유행주의(唯行主義)라 불러도 좋을 것으로 본다.

넷째, 해탈 이후에도 행위가 필요하다고 본다. 우선 그렇게 하는 것이 계급의 의무를 다하는 것이기 때문이다. 지혜를 얻은 사람도 결과에 집착하지 않는 마음으로 네 계급에게 부여된 행위를 해야 한다.

공덕이 없는 자기의 의무[를 수행하는 것이]가
다른 사람의 의무를 잘 수행하는 것보다 더 낫다.
다른 사람의 의무[를 행해서] 번영하는 것보다는
자기의 의무[를 행하다가]에서 손해를 보는 것이 더 낫다.[37]

틸락은 행위의 길을 계급과 연계시키면서 "불행을 야기하는 원망(願望)을 포기하고 자신의 계급에 따른 의무를 수행하는 기술(kauśalam)이라"[38] 말한다. 이는 사성계급 제도를 갖고 있는 힌두교라는 컨텍스트에 입각한 해석이라 할 수 있을 것이다.

Ⅲ. 행동주의적 해석에 대한 나의 비판

1. 행위 개념 비판

앞에서 틸락의 행위 개념을 네 가지로 정리하였다. 나는 그 중에서 셋째와 넷째에 대해서는 비판적인 견해를 갖고 있다. 셋째는 지혜와 행위가 밀접한 관련을 맺고 있으면서도 실제로는 행위가 보다 우월하다는 관점이었다. 이에 대한 전거로서 그는 『기타』 5 : 2를 인용하고 있다. 거기서는 분명히 "행위의 포기보다 행위의 길이 더 뛰어난 것이다"고 말하고 있으므로 그렇게 생각된다.

그러나 나는 5 : 2에서와 같이 어느 한 길의 우월성을 주장하는 게송(偈頌)들에 대해서는 그 의의를 한정할 필요가 있다고 본다. 이는 12 : 2와 같이 믿음의 길이 지혜의 길보다 더욱 뛰어나다고 하는 상반되는 진술 역시 만날 수 있기 때문이다.

내 안에 마음을 들여다 놓고서
언제나 전념되어 있으면서 나를 숭배하며
지고의 믿음으로 [나에게] 나아온 자들은
나에게는 가장 잘 전념하고 있는 자들로 생각된다.[39]

이는 설자(說者)인 크리슈나가 자기의 말에 대해서 청자(聽者)인 아르주나의 믿음을 불러일으켜야 할 필요성으로부터, 그 법문의 변화에 따라서 각기 달리 강조한 결과라고 생각된다.[40] 즉 행위의 길을 설하는 맥락에서는 그것의 가치를 가장 높이고, 믿음의 길을 설하는 맥락에서는 역시 그것의 가치를 가장 크게 높였다[41]고 보는 이해방식이다. 그러므로 이들 상반되는 듯한 게송들의 어느 하나만을 선택하기 보다는 둘 다 함께 보는 것이 더욱 올바른 해석방법이 아닐까 싶다.

다음으로 앞에서 든 행위 개념의 넷째에서는 행위를 다시 계급적 의무와 결부시키는 모습을 보여준다. 베다 이래로 전해지는 행위를 계급적 의무로 보는 한계를 탈피하지 못한 것이다. 계급적 의무라고 하는 작위를 초월하여 아무런 구함도 없을 경우, 무엇이 우리를 행위 하게 만들 것인가? 스스로 구함이 없으므로, 대자(對自, ātmanepada)적 차원에서는 아무런 행위도 필요하지 않게 된다. 그렇다고 해서 그는 적정 속에서만 존재하는 것은 아니다. 그에게는 타자에 대한 사랑이 의무로서 주어져 있다. 『기타』의 의무주의는 하기 싫은 데 억지로 해야 하는 강제로서의 의무가 아니라 자기욕망을 완벽하게 포기한 자가 오직 대타(對他, parasmaipada)적 차원에서 행해지는 행위를, 다만 그 자신의 소명으로서 인식하고 우러나오는 의무를 의미한다. 이러한 의무는 우리가 세상을 사랑하는 방식, 세계에 봉사하는 방식이기 때문에 계속 우리는 행위할 수 있는 것이다.[42] 여기까지 나는 『기타』의 입장이 올바르다고 동의할 수 있다.

그런데 그 의무를 힌두교의 사성계급제도/카스트에 근거한 의무라고만 하는 『기타』의 입장/컨텍스트에 대해서는 수용할 수 없는 것이다. 그것의 배제를 시도하지 않을 수 없다. 의무에 의한 행위, 의무주의 윤리에 대해서는 욕망의 무화(無化), 순수지성에의 의지 등이 전제가 된다는 한계 안에서라면 올바른 입장이라고 본다. 다만 그 의무는 이제 계급적 의무가 아니라, 그러한 『기타』의 특수한 컨텍스트를 배제하고 우리의 내면에서 우러나오는 윤리적·종교적 자기 명령(svadharma)으로서의 의무라는 개념으로 변화되어야 할 것이다. 즉 계급적 의무가 아니라 세계의 구제(lokasaṃgraha, 度世行)를 위한 내적 의무[43]로서 행위 개념이 설정되어야 할 것이다. 물론 그러한 행위 개념 역시 『기타』 안에서 발견할 수 있다. 3 : 20을 읽어보자.

실로 자나카 왕 등은 행위에 의해서만
완성에 이를 수 있었소.
또한 그대는 오직 세계의 복지를 생각하면서
[행위를] 행할 수 있을 것이오.[44]

『기타』 그 자체 안에서도 계급의 의무로서만이 아니라 이렇게 세계의 구제를 위한 행위, 도세행을 강조하는 입장이 있다. 우리가 그러한 행위의 길에 전념함으로써 완성에 이를 수 있는 것이다. 마치 철인왕 자나카와 같이. 그럼에도 불구하고 틸락은 계급적 의무의 개념을 탈각시키지 못한다. 이러한 한계는 간디에게서도 그대로 확인된다. 그들 스스로 힌두교의 성전들이 생성된 시공(時空)의 컨텍스트를 대상화시킬 수 없는 한계가 있었기 때문일 것이다. 그같은 한계의 극복은 카스트 제도를 비판했던 불교 윤리 안에서나 발견

할 수 있다. 내가 『금강경』의 입장에서 『기타』를 비판·보완하고자 했던 이유이다.[45]

2. '믿음의 길' 배제 비판

(1) '믿음의 길'의 존재 논증

앞에서 인용한 바와 같이 "믿음의 길은 어디에서고 제3의 독립된 해탈도로서 언급되어 있지 않다"고 하는 틸락의 관점은 그의 『기타』 이해에 있어서 가장 현저한 특징의 하나로 생각된다. 이렇게 보면 틸락은 오직 『기타』는 행위의 길 하나만을 해탈도로서 인정하는 텍스트라 보고, 그것만을 역설함을 알 수 있다. 그런 까닭에 그의 행동주의적 입장을 행위일원론(行爲一元論) 내지 유행주의(唯行主義)라 불러서 좋을 것으로 생각되는 것이다. 믿음의 길을 배제함으로써 그는 『기타』 전체를 철두철미하게 행위의 길만을 설하는 것으로 이해할 수 있었기 때문이다. 그렇다면 왜 그는 믿음의 길을 배제했을까? 그리고 그 의미는 무엇일까?

믿음의 길이 독립된 해탈의 길이 아니라는 증거로서 틸락은 『기타』 5 : 1을 제시한다. 물론 5 : 1에서 믿음의 길은 제시되지 않고 지혜와 행위의 문제만 제시되어 있다. 그런 점을 생각하면 틸락의 관점이 타당한 것으로 보인다. 그러나 『기타』는 5장으로 끝나는 것이 아니다. 본격적으로 믿음의 길을 설하는 12 : 1에서는 5 : 1과 동일한 성격/차원의 물음이 제시되어 있다. 이 5 : 1에 대해서는 앞에서 제시한 바 있으나, 12 : 1과의 대조를 위하여 다시 한번 인용하기로 한다.

> 그리슈나여, 당신은 행위의 포기와 [행위의] 요가를
> 둘 다 찬탄하고 있소.

이 두 가지 중에서 어느 것이 더 뛰어난 것인지,
그 하나를 나에게 확실히 말하소서.[46]

이와같이 [당신에 대하여 이미] 언제나 전념하고 있으면서
당신을 염하는 믿음행자들과
불멸의 미현현을 [명상하는 자들] 중에서,
누가 요가를 가장 잘 아는 자입니까?[47]

5 : 1에서는 포기/지혜와 행위의 양자택일을 묻고 있음에 반하여, 12 : 1에서는 불멸의 미현현을 명상하는 것과 크리슈나/신을 숭배하는 것의 우열을 묻고 있다. 12 : 1에서 크리슈나/신을 숭배하는 것은 믿음의 길이며, 불멸의 미현현에 대한 명상은 바로 브라만에 대한 명상의 길, 즉 지혜의 길을 가리키는 것으로 보아도 좋을 것이다. 따라서 12 : 1은 지혜의 길과 믿음의 길 사이의 우열[48]을 묻고 있는 것이다. 따라서 12 : 1에 대한 대답으로서 제시되는 믿음의 길은 5 : 1에서 제시되는 두 가지 길과 마찬가지로 독립적인 위상을 갖고 있다고 평가해야 한다. 즉 틸락은 믿음의 길이 제3의 독립적인 길로서 제시된 것이 아니라고 했으나, 그것은 그렇지 않음을 우리는 실증할 수 있는 것이다.[49]

12 : 1의 물음에 대한 대답이 12장에서 이루어지고 있는데, 몇 송을 읽어보기로 하자. 12 : 6 ~ 7이다.

그러나 모든 행위를 나 안에서 포기하면서
나를 최고로 여기고
한결같은 요가로써
나를 명상하면서 숭배하는 자들[50]과

내 안에서 마음을 정착한
이러한 자들에게, 프르타의 아들이여,
나는 죽음이라는 윤회의 바다로부터
즉시에 [이들을] 구제하는 자가 된다.[51)]

정통 인도철학에서 제시하는 세 가지 해탈 방법론 중에서 지혜와 행위의 길을 자력(自力)의 길이라 한다면, 이렇게 죽음이라는 윤회의 바다로부터 건져주는 자가 존재한다고 믿고, 그에게 나를 맡기는 믿음의 길은 타력(他力)의 길이라 할 수 있다. 구원론/해탈론에 있어서 자력과 함께 타력이 설해지는 것은 자력/자각의 종교로부터 출발한 불교의 경우에도 확인되는데, 유신론의 종교인 힌두교의 성전에서야 더 말할 나위없을 것이다.

또 믿음의 길에 있어서도 우리는 지혜의 길과 행위의 길을 동시에 볼 수 있다. 12 : 11의 내용이 바로 그같은 점을 보여준다.

이제 이것(abhyāsa yoga, 점진적인 요가 – 인용자)조차
그대가 할 수 없다면
나와 하나에 의지하여
자아를 억제하고서
모든 행위의 결과를 내버려라.[52)]

12 : 11에서 '나와 하나가 됨'은 믿음의 길을 의미한다. 믿음의 길이 모든 행위의 결과를 포기하는 행위의 길의 기초가 됨을 알 수 있다. 즉 틸락이 전혀 고려하지 않고 있지만, 『기타』에는 지혜가 행위의 전제가 된다는 지행회통(知行會通, jñāna-karma-samuccaya)만이 존재하는 것이 아니라 믿음이 행위의 전제가 된다는 신행회통(信行會通)[53)] 역시 존재하고 있는 것이다.

(2) 세 가지 길의 상호관련성

과연 '믿음의 길'이 존재하느냐 존재하지 않느냐 하는 논의에서 우리가 시사받아야 할 것은 세 가지 길 상호간의 관련에 대해서라고 본다. 행위의 길을 중심으로 본다고 해서, 틸락이 "『기타』에 베단타나 믿음 또는 파탄잘리의 요가를 설하지 않는다고 말하는 것은 아니다."[54] 다만 『기타』의 성격으로 볼 때 크리슈나의 가르침은 모두 아르주나의 회의/질문에 대한 응답인 것이고, 아르주나가 제기한 문제 자체가 행위의 문제였으므로 그 해답인 크리슈나의 가르침 역시 행위의 길이 주제가 아니겠는가 라는 관점이다. 그렇기에 행위의 길 외의 다른 길, 즉 베단타의 믿음, 또는 파탄잘리의 요가들은 "모두 행동주의를 지지하는 것일 뿐이니, 즉 그것들은 모두 보조적인 것"[55]이라 평가하게 되는 것이다. 이러한 논리에는 주제 파악을 위해서 그가 활용한 여섯 가지 기준[56] 중에서 설명적 문구(arthavāda)를 활용한 것이다.

그러나 이러한 관점에서는 지혜의 길과 믿음의 길은 정당한 위상을 부여받지 못한다[57]는 문제점이 있다. 믿음의 길은 지혜의 길 속으로 포섭되고 말기 때문이다. 그의 말을 직접 들어보자.

> 믿음의 과정은 믿는 주체(the worshipper)와 믿음의 대상(the worshipped)의 이원성(二元性)에 기반하고 있기 때문에, 아트만이 브라만 속으로 완전히 통합되는 상태에서는 믿음이나 다른 어떤 종류의 숭배도 남지 않게 된다. 믿음의 궁극적인 확고부동함은 지식 안에서이며 믿음은 지식을 얻기 위한 하나의 방편이다.[58]

"아트만이 브라만 속으로 완전히 통합되는 상태에서는 믿음이나 다른 어떤 종류의 숭배도 남지 않게 된다"는 것은 올바른 판단이라고 본다. 그런 점에서 지혜의 길과 믿음의 길은 밀접하게 관련된다고 말할 수 있다. 그러나 그렇다고 해서 믿음이 배제되는 것은 아니다. '아트만이 브라만 속으로 완전히 통합되는 것'이야말로 지혜의 길의 완성임과 동시에 믿음의 길의 완성이기 때문이다. 그곳에서 일원론과 일신교가 하나가 되는 것이고, 자력(自力)과 타력(他力)이 하나가 되는 것이다. 또 12 : 8에서는 이렇게도 말하고 있다.

> 내 안에서만 마음을 머물게 하며
> 내 안에서 지성을 쉬게 하라.
> [그리하면] 그로부터 그대는 내 안에서만 머물게 되리니,
> [이러한 사실에는] 의혹이 없다.[59)]

물론 지혜의 길은 일원론에 기반하고 믿음의 길은 일신교에 기반하는 차이가 있다. 그러나 이들 양자는 『기타』 안에서 하나로 어우러져 있다는 점을 인식해야 한다. 다시 틸락의 입장을 좀더 살펴보기로 하자.

> 믿음은 결코 궁극적인 해탈도일 수 없다. 만약 지고의 자재자(Parameśvara)에 대한 앎이 믿음의 길에 의해서 얻어진 뒤에는 계속해서 행위를 해야 하는데, 그는 karma-nīṣṭha라고 불릴 것이며, 만약 그가 (믿음의 길에 의해서) 행위를 버린다면 그는 sāṃkhya-nīṣṭha라고 불리우게 된다.[60)]

이러한 틸락의 언급은 왜 그가 믿음의 길을 독립된 해탈도가 아니라고 배제했는지 알 수 있게 한다. 지혜의 길과 행위의 길 속으로 믿음의 길이 포섭되기 때문이라 보고 있는 것이다. 하나는 먼저 믿음의 길에 의해 지고의 자재자에 대한 앎이 얻어진 뒤에 그가 계속 행위를 하게 되면 karma-nīṣṭha라고 불리게 된다는 것이다. 또 하나는 믿음의 길에 의해서 지고의 자재자에 대한

앎을 얻은 뒤에 행위를 하지 않는다면 그것은 포기의 길로서 sāṃkhya-nīṣṭha에 해당된다는 것이다. 이렇게 믿음의 길이 개재되어서 행위의 길과 결합이 되느냐 되지 않느냐 하는 그 선택의 여부를 생각해 본다면, 두 가지 길밖에 존재하지 않는 것이 사실이다. 그러나 그것은 행위와 함께 하는 겸수(兼修)냐 양자 중 어느 하나만을 선택하여 그것만을 전적으로 닦는 전수(專修)냐 하는 문제와 관련되는 것이지, 틸락이 말한 것처럼 "제3의 독립된 해탈도가 없다"고 말할 수는 없다. 왜냐하면 믿음의 길에 의지하는 것만으로도 궁극적인 해탈/구원은 얻어질 수 있다고 『기타』는 말하고 있기 때문이다.

결국 틸락은 세 가지 길 중에서 행위의 길을 주(主)된 것으로 보고 나머지를 종(從)적인 것으로 보는 차별적 회통론의 입장을 내보이고 있는 것이다. 그러나 나는 세 가지 길의 상호관련성에 있어서 차별적 회통론을 취하지 않으면 행위의 길이 강조될 수 없다고 보지는 않는다. 그런 점에서 틸락의 관점에 동의하지 않는다.

3. 교판론(敎判論) 비판

과연 틸락은 마두수다나를 비판할 때, 그가 썼던 '종파에 사로잡힌'이라는 말의 의미로부터 그 자신은 자유로운 것일까? 틸락이 『기타 라하쉬야』에서 여러 번 이 말을 쓰고 있는데, 그 맥락은 전통적 해석자들이 『기타』 그 자체를 분석적으로 이해하지 않고서 그들이 먼저 확립한 철학적 입장을 『기타』에 덧씌워서 『기타』를 해석하고 있기에 『기타』 이해가 왜곡되었다고 하는 입장에서였다. 그런 의미에서 '종파주의에 사로잡힌'이라는 말을 쓰고 있다. 그리고 그만은 종파에 사로잡힌 것이 아님을 보여주기 위해서 미망사 해석학의 주제 파악의 방법론에 의지하는 분석적 독서법을 활용하였다. 그런 의미에서 틸락은 '종파에 사로잡힌' 해석자라 할 수는 없을지 모른다. 그러나 나는 또 다른 의미에서 그 역시 종파에 사로잡힌 것으로 평가한다.

앞서 우리는 틸락이 새로운 교판을 제시하면서 지행겸수의 길을 인도철학사의 주류로 부각시키고자 함을 보았다. 그리고 그러한 틸락의 철학에 대해서 나는 동의를 표명하였다. 그런데 나의 용어법에서는 교판과 교판론은 엄연히 구별된다. 교판은 자기 철학의 제시라는 의미에서 긍정적으로 보며, 우리 역시 한 사람 한 사람이 자기만의 교판을 갖기를 지향해야 할 것으로 생각한다. 그러나 교판론은 자기가 설정한 교판에 집착하여 다른 교판과의 관계를 배타적으로 가져가는 배타주의적 태도를 지칭한다. 그러한 교판론에 대해서는 그 극복을 우리의 숙제로 삼아야 한다고 본다. 자기의 교판/자기 철학을 제시하면서도 타자의 교판을 배제하지 않고 회통시켜가는 것이 숙제라고 한 것이다.[61]

그러니까 교판론과 회통론은 정반대의 개념이다. 내가 틸락에게 '종파에 사로잡힌'이라는 평가를 돌려주려고 하는 이유는 그가 나름의 새로운 교판을 제시하기는 했으나 타자의 교판과 회통[62]하려고 노력하지 않고 타자의 교판을 배척/배제했기 때문이다. 틸락은 교판의 제시를 통하여 자기 철학을 제시하는 긍정적인 모습을 보여주었으나 교판론에 떨어짐으로써 부정적인 측면 역시 보여주고 있는 것이다.

물론 우리는 "틸락의 교판에서도 타자의 교판에서 중심적인 주제가 되는 지혜의 길이나 믿음의 길을 무조건 배척하는 것이 아니지 않느냐"라는 반론의 존재를 상정해 볼 수 있다. 그 역시 『기타』 안에서 그 두 가지 길의 존재를 인정하고 있기 때문이다. 그러나 비록 그 두 가지 길의 존재를 인정하는 것을 근거로 해서 곧 바로 교판론에 떨어진 것이 아니라고 할 수는 없다. 왜냐하면 행위의 길과 나머지 두 가지 길 사이에 주종의 계급적 관계가 성립된다고 보고, 그것을 계서화(階序化)하는 논리를 우리는 차별적 회통론이라고 불러왔으며, 그 차별적 회통론이 성립 가능키 위해서 필요한 논리로서 교판이 이용될 때[63] 바로 교판론에 떨어진 것으로 볼 수 있기 때문이다. 그런 점에서 차별적 회통론이 곧 교판론과 의미상 상통(相通)하고 있는 것이다.

그런 까닭에 틸락의 관점은 차별적 회통론으로서 교판론에 떨어진 것으로 비판받을 수밖에 없는 것이다. R. W. Stevenson은 "틸락에게는 이 세가지 주요한 해탈도 …… 행위, 지혜 그리고 믿음 …… 가 『기타』 안에서 조화를 이루고 있다"[64]고 하지만, 이제 그렇게 조화되어 있다고 언급하는 것으로 끝나서는 안 된다. 그 조화의 성격을 다시 물어야 하는 것이다. 평등적 회통론으로서 진정한 회통론을 성취했는가, 아니면 차별적 회통론으로써 교판론에 떨어졌는가 하는 것까지 판정해야 한다. 실제로 틸락의 회통론은 지혜, 행위 그리고 믿음의 삼자를 동등한 가치를 갖는 것으로 평가하는 평등적 회통론이 아니라 지혜와 믿음 모두를 행위 속으로 끌어들여서 해소시키고 마는 차별적 회통론[65]이다. 차별적 회통론을 우리가 진정한 회통론이라 볼 수 없음은 두말 할 나위없다. 그렇기에 그 역시 '종파주의에 사로잡힌' 교판론에 떨어진 것으로 평가된다.

Ⅳ. 틸락의 행동주의, 또 다른 교판론

틸락의 『기타』 해석을 평가함에 있어선 나는 방법과 내용의 측면에서 접근하고자 하였다. 우선 방법의 측면에서는 교판의 제시나 과목 나누기와 같은 해석학적 장치에 대해서 틸락이 어떠한 태도를 취했는지 살펴보았다.

틸락은 그 이전에 존재하던 주류적 교판에 대하여 일정하게 비판하면서, 그 대안으로 스스로의 교판을 제시하고 있었다. 즉 틸락 이전에는 지혜의 길을 중심으로 한 베단타, 특히 샹카라의 불이일원론을 인도철학사의 중심으로 파악하는 교판이 전승되어져 왔다. 이러한 교판에서 행위의 길(karma-yoga)은 올바른 자기 자리를 부여받지 못하고 만다. 바로 이러한 점에 대하여 틸락은 그의 비판적 안목을 곤두세우게 되었던 것이다.

그에 의하면 베단타가 의지하는 소의경전(prasthāna)의 하나인 우파니샤드 안에서부터 이미 지혜의 길만이 아니라 지혜와 행위를 함께 닦는 겸수(兼修)의 길이 제시되어 왔다고 주장한다. 대표적으로 「이샤 우파니샤드」가 바로 그러하였으며, 그러한 흐름은 『기타』에까지 이어져 있다는 것이다.

그렇게 지행겸수가 설해지지만 실제로 『기타』에 이르면 행위의 가치가 더욱 크게 부각된다고 본다. 이런 측면에서 볼 때 그 역시 기본적으로 베단타사상을 벗어나는 것은 아니지만, 오로빈도와 함께 샹카라의 불이일원론 베단타를 비판한 주요한 사상가의 한 사람으로 평가할 수 있을 것이다.

다음 틸락은 『기타』 전체의 18장을 내용상 구분하는 과목 나누기 방식에 대해서도 비판적이다. 예컨대 마두수다나는 『기타』를 크게 삼등분(三等分)하면서 『기타』를 이해해 왔다. 그런데 틸락은 이러한 과목 나누기의 방식에 대해서 비판한다. 왜냐하면 『기타』에 지혜, 행위 그리고 믿음의 세가지 길이 함께 설해져 있다고 하는 생각 자체에 반대하기 때문이다. 오직 『기타』는 행위의 길 하나만을 온전히 설하고 다른 두 가지 길은 그 안으로 포섭된다고 보고 있는 것이다. 이러한 틸락의 관점을 나는 일합설(一合說)이라 불렀거니와, 거기에는 행동주의적 측면에서 행해진 『기타』 해석이 드러나 있는 것이다.

또한 내용적 측면에서 틸락이 '행위'의 개념을 어떻게 파악했는지 살펴보았다. 첫째, 행위의 길을 위해서는 결단력을 성품으로 삼은 지성을 청정하고도 확고하게 만드는 것이 필요하다고 본다. 둘째, 행위의 길만으로도 해탈을 얻을 수 있다고 본다. 셋째, 지혜와 행위는 서로 밀접한 관련을 맺고 있으나, 그 중에서도 행위가 더욱 우수한 길이라 보고 있다. 넷째, 해탈 이후에도 행위가 필요하다. 결국 틸락은 먼저 믿음의 길을 배제한 뒤 나머지 지혜와 행위 중에서는 행위가 더욱 우수하다고 봄으로써 행동주의적 해석(행위일원론 내지 唯行主義)을 확립코자 한다.

한편 이러한 틸락의 행동주의적 해석에 대해서 나는 동의하지 않는다. 행위의 길에 대해서 정당한 의미를 평가하지 않는 샹카라와 내가 입장을 같이 하기 때문이 아니다. 오히려 틸락이 역설하는 바와 같이, 행위의 길이 갖는 의미를 나 역시 충분히 인정하고 있다. 행위의 길을 주제로 해서 『기타』를 파악하는 것은 좋으나, 지혜의 길이나 믿음의 길, 특히 믿음의 길에 대해서 독자의 위상을 부여하지 않으려는 틸락의 입장에 대해서는 동의할 수 없다.

중요한 것은 믿음의 길을 배제함으로써 행위의 길을 선양하려고 하기 보다는 『기타』 안에서 믿음과 행위가 다시 조화롭게 결합되고 있는 신행회통(信行會通)의 모습을 읽어내는 것이 아닌가 한다. 믿음의 길 역시 행위를 위한 전제로서 쓰이고 있기 때문이다. 이러한 점을 알아차린 해석자가 라마누자와 간디였던 것으로 나는 생각하고 있다.

이렇게 볼 때, 틸락이 그 이전의 교판을 비판하면서 쓴 '종파의 교설/종파주의에 사로잡힌(doctrine-supporting)'이라는 용어가 이제는 그 자신에게도 적용되는 것은 아닐까 싶다. 그의 행동주의적 해석 역시 지나치게 행위의 길의 가치만을 극대화하는 하나의 종파적 소견으로 보이기 때문이다. 이는 교판이라는 독창적 자기 철학의 제시가 갖는 긍정적 가치를 훼손시키면서 다른 사상이나 견해를 배제시키고 마는 교판론에 떨어지고 만 것으로 판단된다. 나는 틸락이 교판을 제시하였다는 점에 대해서는 긍정적으로 평가하고 있지만, 그 교판을 절대화하여 집착함으로써 다른 길을 배제하는 교판론에 떨어지고 말았다는 점에 대해서는 비판적이다.

결국 행위의 길의 가치를 재발견/재조명하려는 틸락의 노력에 대해서는 수용가능하지만, 그것을 절대시하는 교판론적 태도에 대해서는 마찬가지로 경계해야 할 것이다. 필요한 것은 행위의 길을 강조하더라도, 그것을 다시 지혜의 길이나 믿음의 길과 연결시키면서 조화 속에 위치지우는 것이다. 그럴 때 행위의 길은 더욱 굳건하고도 아름답게 꽃피울 수 있으리라 생각되기 때문이다.

| 주 |

1 근래 『기타』와 관련하여 내가 갖고 있는 주제의 하나이다. 그 동안 이 주제와 관련하여 발표한 논문으로는 김호성 2004a, 2004b, 2005a, 2006b, 2006c 등이 있다.

2 틸락의 전기로는 D. V. Tahmankar 1956이 있다.

3 그 서명을 들어보면 다음과 같다 : *Orion or Researches into the Antique of the Vedas*(1893), *The Arctic Home in the Vedas*(1903), *The Vedic Chronology & Vedanga Jyotisha*(1925).

4 교판의 불교해석학적 의미에 대해서는 김호성 2009a, pp. 74~84, 참조. 또한 인도철학 안에서 교판의 사례를 볼 수 있는 것은 바로 베단타 3대 조사들이 베다와 『기타』 사이의 우열을 어떻게 평가하고 있는지 하는 데에서 확인할 수 있다. 김호성 2004a, p. 196, 참조.

5 K. Potter 1981, p. 46.

6 "우파니샤드에 대한 상키야적 해석이 있었음은 분명하다"고 A. N.Pandey는 말한다. A. N. Pandey 1988, "Foreword"; G. R. Pandey 1988, p. vi.

7 어떤 사회의 종교이든지 상층부의 엘리트 계층이 유지해 가는 엘리트 전통(elite tradition)과 하층부의 민중 계층이 유지해 가는 대중 전통(popular tradition)이 있다. 전자를 현교/양, 후자를 밀교/음으로 말할 수 있을 것이다. 이때 '현교'와 '밀교'라는 술어는 불교의 종파에 대한 교판적(敎判的) 입장에서의 지칭이 아니라, 그러한 특성을 빌어서 종교 일반의 현상적 존재양태를 구분하는 일반적인 술어로 쓴 것이다.

8 김호성 2000b, p. 123. 한편, 오로빈도 사상의 상키야적 뿌리는 정승석 1998, pp. 191~192, 참조.

9 B. G.Tilak 2000, pp. 276~277.

10 『기타』에서 지혜의 제사 개념은 BG 4 : 33, 참조. 이에 대해서는 김호성 1999, pp. 205~206, 참조.

11 예컨대 우파니샤드 철학의 대표적 개념인 아트만 역시 그 성립사적 출발은 베다에서부터 이루어 지는 것이다. J. R. Gardner 1998, pp. 161～346, 참조.

12 각기 CU Ⅵ.8.7과 BU Ⅰ.4.10을 그 출전으로 갖는다.

13 B. G. Tilak 2000, p. 401. '세 가지 지'또는 '세 가지 법'은 세 가지 베다에서 말해지는 베다 의례와 관련된다. R. N. Minor 1982, pp. 296～297, 참조.

14 B. G. Tilak 2000, p. 481.

15 S. Radhakrishnan에 의하면, 이러한 지행회통론의 텍스트 내적 근거는 CU 2.23.1 ; BU 4.4.22 ; Īśa 2.에서 확인가능하며, 이러한 입장을 취한 사람으로는 Bhāskara, Abhinavagupta와 Ānanda-vardhana가 있었다 한다. S. Radhakrishnan 1960, p. 44.

16 지행겸수라는 말과 지행회통이라는 말은 동의어이다. 다만 그 뉘앙스에 있어서 겸수라는 말을 쓸 때는 좀더 실천론적인 맥락에서이고, 회통이라는 말을 쓸 때는 좀더 이론적인 측면이다. 전자가 좀더 동적이라면 후자는 좀더 정적이다.

17 과목 나누기가 갖는 해석학적 의의에 대해서는 김호성 1998b, pp. 67～68. ; 김호성 2009a, pp. 84～97, 참조.

18 그가 어떠한 입장에서 『기타』를 온전히 한 덩어리로 보고 있는지에 대한 이유의 설명은 곧 이 글의 Ⅱ장 전체에서 유추할 수 있을 것이다.

19 B. G. Tilak 2000, p. 638.

20 위의 책, pp. 20～21, 참조. S. Gambhīrānanda에 의하면, 아난다기리(Ānandagiri, 13세기 중엽)는 "tat tvam asi"의 의미를 『기타』의 세 부분과 연결지워서 말했다고 한다. S. Gambhīrānanda 1984, p. xxi. ; R. S. Betai 2002, p. 35, 참조.

21 B. G. Tilak 2000, p. 21.

22 위의 책, pp. 638～639.

23 "saṃyāsaṃ karmaṇāṃ, Kṛṣṇa, punar yogaṃ ca śaṃsasi, yac chreya etayor ekaṃ tan me brūhi suniścitam." BG 5 : 1.

24 종파주의에 사로잡히게 될 때의 문제는 그 종파의 입장을 지키고 선양하려는 호교론적 입장이 '거칠게'나타난다는 점이다. 그러한 '거친 호교론(sthūla apologetics)'이 올바른 해석을 장애할 수 있는 가능성이 있기 때문이다. 샹카라의 경우, 그러한 호교론에 떨어진 것으로 생각된다. 김호성 2004b, pp. 175～177,

참조.

25 괄호 속의 의미해석은 범어의 의미를 틸락이 옮긴 것을 다시 우리말로 번역한 것이다. 그것 자체가 틸락의 해석적 관점의 제시라 볼 수 있다.

26 B. G.T ilak 2000, p. 625.

27 위의 책, p. 865.

28 위의 책, p. 82.

29 Belbalkar는 『기타』 성립 당시부터 존재하던 것은 아니라고 본다. P. M. Thomas 1987, p. 12. 재인용.

30 B. G. Tilak 2000, p. 186.

31 "vyavasāy 'ātmikā buddhir ek 'eha, Kuru-nandana, bahu-śākhā hy anantaś ca buddhayo 'vyavasāyinām." BG 2 : 41.

32 B. G.Tilak 2000, p. 187.

33 "loke 'smin dvividhā niṣṭhā purā proktā mayā'nagha, jñāna-yogena sāṃkhyānāṃ karma-yogena yoginām." BG 3 : 3.

34 "yad eva saṃkhyāḥ paśyati yogais tad anugamyate(유포본 : yat sāṃkhyaiḥ prāpyate sthānaṃ tad yogair api gamyate), ekaṃ sāṃkhyaṃ ca yogaṃ ca : yaḥ paśyati sa paśyati." BG 5 : 5. Bhāskara본은 R. N. Minor 1982, p. 188, 참조. 유포본 : 지혜로운 자들에 의해서 도달되는 경지는 요가수행자들에 의해서도 도달된다.

35 B. G. Tilak 2000, p. 423.

36 "saṃyāsaḥ karma-yogaś ca niḥśreyasa-karāv ubhau, tayos tu karma-saṃnyāsāt karma-yogo viśiṣyate." BG 5 : 2. B. G. Tilak 2000, p. 425, 참조.

37 "śreyān svadharmo viguṇaḥ para-dharmāt svanuṣṭhitāt : svadharme nidhanaṃ śreyaḥ para-dharmo-dayād(유포본 : bhayāvahaḥ)" BG 3 : 35.

38 B. G. Tilak 2000, p. 148.

39 "mayy āveśya mano ye māṃ nitya-yuktā upāsate, śraddhayā parayo 'petās te me yuktatamā mattāḥ." BG 12 : 2.

40 다양한 불교 경전들에서는, 어떤 경전들이든지 그 경전이야말로 가장 뛰어난 경전임을 말한다. 그래서 어느 하나의 경전을 읽고서 그 경전이 최고라면서 경설(經說)에 집착하기 쉽게 되어 있다. 그러나 다양한 경전들을 읽게 되면 저마다의 경전들이 모두 그러한 경설이 최고라고 말하고 있음을 알게 되고, 따라서 그러한 경설들을 서로 상대적인 입장 위에서 이해하는 것이 가능해 진다. 그렇게 저마다 최고라고 말하는 이유는 무엇일까? 바로 그 경전의 청자/독자로 하여금 그 경전에 믿음을 일으켜서 실천/수행하도록 요구하기 위해서이다. 우리가 널리 읽어야 하는 이유이다. 그러한 불교해석학의 관점은 지혜·행위·믿음의 세 가지 길을 설하고 있는 여기 『기타』에서도 그대로 적용할 수 있다고 본다.

41 경허(鏡虛, 1846~1912)의 경우, '편찬(偏讚)'이라는 말로 그러한 입장을 나타냈다. 편찬이므로, 그렇게 찬양받는 경설에 절대적인 가치부여를 해서는 안 된다는 것이다.

42 구함이 없게 된다고 해서 곧 바로 행위의 포기로만 이어지는 것은 아니다. 욕망에 의한 행위는 사라질지라도 사랑/자비에 의한 행위는 남기 때문이다. 이는 「이샤 우파니샤드」 제6송에서도 확인된다. 김호성 2000b, pp. 131~133, 참조.

43 여기서 '의무'개념은 하고 싶지 않으나 하지 않으면 안 되기 때문에 해야 함을 의미하는 것은 아니다. 오히려 자발성의 차원에서 이해해야 한다. 스스로의 구함/욕망을 버리고 난 뒤 다만 그것이 나의 소임이기에 행한다는 무소구(無所求)의 차원에서 이해되어야 한다. 이러한 '의무'에 대해서는 계급제도와 같은 힌두교적 컨텍스트를 배제하고서 읽는다면 아무런 문제가 없다. 다만 전쟁이라는 컨텍스트를 감안하고서 읽는다면, 의무/무소구라고 해서 모든 것이 정당화되는 것이 아님은 주의해야 할 것이다.

44 "karmaṇ'aiva hi saṃsiddhim āsthitā, Janakādayaḥ, loka-saṃgraham ev'āpi saṃpaśyan kartum arhasi." BG 3 : 20.

45 김호성 1992, pp. 143~146. 대승불교 경전인 『금강경』의 경우 지행회통의 입장에서는 계급적 의무로서의 행위를 말하지 않으므로 『기타』보다 우월한 면이 있다. 다만 『기타』가 갖고 있는 신행회통의 입장을 『금강경』은 갖고 있지 못하다.

46 "saṃyāsaṃ karmaṇāṃ, Kṛṣṇa, punar yogaṃ ca śaṃsasi, yac chreya etayor ekaṃ tan me brūhi suniścitam." BG 5 : 1.

47 "evaṃ satata-yuktāye bhaktās tvāṃ paryupāsate, ye c'āpy akṣaram avyaktaṃ, teṣāṃ ke yoga-vittamāḥ." BG 12 : 1.

48 나는 12장에서 이 양자의 회통을 본다. 이에 대해서는 김호성 2006a, pp. 107~123, 참조.

49 틸락의 행위일원론을 파니카(R. Panikkar)의 입장에서 평가한다면, 지혜의 길과 믿음의 길을 인정하면서도 그것들이 행위의 길 속으로 포섭되고 만다는 포괄주의적 입장이 아니다. 오히려 믿음의 길의 존재마저 부정하고 있다는 점에서 배타주의적 태도를 보이고 있다고 본다.[서로 다른 종교를 받아들이는 세 가지 태도에 대한 파니카의 관점에 대해서는 R. Panikkar 1992, pp. 19~37, 참조.] 따라서 여기서 우리가 하나의 교훈으로 얻을 수 있는 것은, 배제를 통한 일원(一元)은 진정한 회통이 아니라는 점이다. 이러한 틸락의 태도와는 반대로, 간디에게서 보이는 삼도회통론(三道會通論)은 삼자의 존재를 모두 긍정하면서 그들 사이의 소통(疏通)을 말하고 있다는 점에서 다원주의적 태도를 취하는 것으로 평가해볼 수 있을 것이다. 간디의 삼도회통론에 대해서는 김호성 2006c와 2007b, 참조.

50 "ye tu sarvāṇi karmāṇi mayi saṃnyasya mat-parāḥ, ananyen 'aiva yogena māṃ dhyāyanta upāsate." BG 12 : 6.

51 "teṣām ahaṃ samuddhartā mṛtyu-saṃsāra-sāgarāt, bhavāmi nacirāt, Pārtha, mayy āveśita-cetasām." BG 2 : 7.

52 "athai 'tad apy aśakto 'si kartuṃ mad-yogam āśritaḥ, sarva-karma-phala-tyagaṃ tataḥ kuru yat 'ātmavān." BG 12 : 11.

53 신행회통에 해당하는 산스크리트 "bhakti-karma-samuccaya"는 과문탓인지 모르지만 확인하지 못했다. jñāna-karma-samuccaya에 비추어서 내가 조어(造語)한 것이다. 간디의 『기타』 해석에 있어서나 12장에 대한 라마누자의 해석에는 철저하게 신행회통의 입장이 드러나 있는 것으로 판단된다. 간디의 신행회통에 대해서는 김호성 2007b, pp. 80~91, 참조.

54 B. G. Tilak 2000, p. 371.

55 위의 책, p. 38. '보조적인 것'은 미망사 해석학의 용어로 바꾸면, '설명적 문구(arthavāda)'가 된다. 베다를 명령과 그에 대한 설명적 문구로 나누는 미망사 해석학의 입장은 평등적 회통론이 아니라 차별적 회통론에 머물고 마는 것이다. 틸락은 샹카라를 비판하는 점에서 그와 대립되지만, 공히 차별적 회통론을 취하고 있다는 점에서는 같다. 극단은 서로 통하는 것일까.

56 이에 대해서는 김호성 2004a, pp. 198~208, 참조.

57 이러한 틸락의 믿음/박티의 배제는 그의 현실적용에서도 남성성(男性性)의 충만으로 나타나면서 폭력을 용인하는 문제를 낳는 원인으로 작용하게 된다고 나는 평가한다. 내가 신행회통에 대한 탐구의 필요성을 강하게 느끼는 이유이다.

58 B. G. Tilak 2000, p. 577.

59 "mayy eva mana ādhatsva, mayi buddhiṃ niveśaya, nivaisiṣyasi mayy eva ata ūrdhvaṃ, na saṃśayaḥ." BG 12 : 8.

60 B. G. Tilak 2000, pp. 640~641.

61 원효의 경우가 그 모범적 사례일 것이다. 그는 교판을 제시하였으나 회통론자였기 때문이다.

62 타자의 교판과 회통하려는 입장이 되면 어떤 견해를 내세우게 될까? 지혜, 행위 그리고 믿음의 세 길의 회통, 즉 삼도회통(三道會通)의 입장을 취하게 되리라 본다. 간디나 오로빈도가 그러한 입장을 취했던 것으로 보인다.

63 불교사 안에서도 교판의 제시는 흔히 다른 종파[의 수행]을 자기 종파의 그것보다 열등한 것으로 규정하고 계서화시키는 차별적 회통론으로 나아갔다. 그것은 자기 종파에 대한 우월의식이 낳은 포용주의적 태도라고 할 수 있다. 이는 극복해야 할 측면으로 나는 생각한다.

64 R. W. Stevenson 1991, p. 55.

65 회통론에 평등적 회통론과 차별적 회통론의 두 가지 차원이 있음은 김호성 2000b, p. 129, 참조.

제3부 에세이

| 나는 왜 아직도 『기타』에 빠져있는가 |

| 나는 왜 아직도 『기타』에 빠져있는가 |

I.

제 공부를 생각하면 스스로도 답답한 마음이 들 때가 한두 번이 아닙니다. 정말 산뜻한 것, 뭔가 앞으로 나아가면서 새로운 것을 해야 하지 않겠는가, 하는 그런 생각 말입니다. 얼핏 보면, 전공이 뭔지, 이것저것 다 손대고 있는 것 같은데, 또 몇 가지 주제/텍스트를 벗어나지 못한 채 빙빙 돌기만 하거든요. 『천수경』이나 『기타』가 다 그런 예들입니다. 이런 것들은 인기도 없습니다. 학계에서도 별로 중요하다고 생각지 않거나, 아니면 이미 연구가 끝났다고 생각하는 것들입니다. 『천수경』은 전자의 경우이며, 『기타』는 후자의 경우입니다.

어떻게 보면 늪입니다. 제 스스로도 뭔가 하나를 정리하고, 빠져 나오고 싶다고 생각한 적이 한두 번이 아닙니다. 그래서 일본에 올 때도, 이 두 주제/텍스트에 대한 책들은 챙겨 왔습니다. 그리고 손을 좀 대보기도 했습니다만, 그 어느 경우도 끝을 맺지 못한 채 귀국해야 할 것 같습니다. 물론, 조금의 진전은 있었지만 그것이 맺음을 향한 진척이 아니라 새로운 일거리, 새로운 과제를 더 만들어 나가는 방향에서의 진척일 뿐이었던 것으로 느껴집니다. 이 둘 다에 대해서, 제가 첫 논문을 쓴 것이 1992년입니다. 벌써 11년이 흘렀습니다. 그러나 아직도 저는 그 어느 것에 대한 연구도 단행본으로 묶지 못하고 있습니다. 물론, 그 세월 동안 이 두 텍스트에 대해서만 집중하지 못한 탓도 큰 이유가 될 것입니다.

어제 점심 때 티베트인 학생 소남(Wangyal Saonam)이 말하더군요. "티베트불교에서는 『기타』를 읽지 못하도록 말하는 책도 있고, 불교를 잘 이해하기 위해서는 읽는 것이 필요하다고 말하는 책도 있다"고 말입니다. 어쩌면 불교/불교학자/불자에게 있어서, 힌두교의 성전인 『기타』를 비롯한 인도 철학의 텍스트에 대한 태도는 이 두 가지 중의 어느 하나로 갈려질 것입니다. 물론 근대적 학문으로서의 불교학의 성립은 후자의 태도 위에서 이루어져 왔습니다. "불교를 보다 잘 이해하기 위해서"외도(外道)의 책도 연구할 필요가 있다고 생각해 왔던 것이지요. 그러한 생각만 해도 굉장히 선진적인 수준의 사고라고 해야 할 것입니다. 우리의 경우에는 전자의 생각 역시 여전히 남아 있거든요. 그런데 저의 경우는 이제 그러한 이유에서 『기타』를 비롯한 인도 철학을 공부하지는 않습니다.

지금 제가 쓰고 있는 논문으로 「아르주나의 회의에 보이는 의미」라는 것이 있습니다. "일본인도학불교학회"에서 발표할 요량으로 일본어로 쓰고 있는데요. 그 첫 문장은 이렇게 시작합니다. "나는 『기타』를 읽는다." 이렇게 써서, 일본어를 가르쳐 주시는 사사키 히카리(유명한 불교학자 '사사키 시즈카' 선생의 부인)선생님께 감수를 부탁드렸습니다. 선생은 가차없이 "나는 『기타』를 연구한다"로 고쳐주시더군요. 여기서 '읽는다'는 동사와 '연구하다'의 동사는 그 의미가 다릅니다. 하늘과 땅으로 벌어집니다. 연구한다는 것은 객관적·분석적 행위를 말합니다. 나는 철저하게 텍스트 바깥에 존재하고, 텍스트 역시 나 바깥에 존재합니다. 내가 텍스트 속에 들어가는 일도 없고, 텍스트가 내 속에 들어오는 일도 없습니다. 그러나 읽는다는 행위는 그렇지 않습니다. 내가 텍스트 속에 들어가고, 텍스트가 내 속에 들어오는 것입니다. 이렇게 읽는 자/독자/해석자의 주체성을 강조하는 맥락에서 주어를 지칭할 때 "나는"이라는 1인칭을 쓰게 됩니다. 그러자, 이에 대해서도 어김없이, 제 원고를 읽은 또 다른 일본인 나카소네(현재 교토의 '분교/文敎대학'교수)

는 "일본에서는 '필자'라는 말을 더 많이 쓴다"고 적어주더군요. '필자'는 나를 제3인칭으로 부르는 것입니다. 독자/해석자의 책임을 제3인칭 속에서 희석시키게 되지요.(이 역시 나카소네를 비롯 일본의 학자들에게 설명해야 할 측면입니다.)

연구가 행위 이전에 멈추어 선다면, 읽는 행위는 그와는 달리 또 다른 행위를 낳습니다. 앞에서 말씀드린 "불교를 보다 잘 이해하기 위해서 『기타』를 읽는다"고 한다면, 그런 경우에는 연구하는 것이지요. 그런데, 저는 '연구하다'라는 동사를 쓰지 않고 '읽는다'는 동사를 쓴 것입니다. 이러한 속내를 다 설명해 드리지 않았으므로, 사사키 선생으로서는 '읽는다'를 '연구하다'로 고치는 것은 당연한 일인지도 모릅니다. 전혀 선생의 책임은 아니지요. 그래서 이러한 의미의 차이를 주(註)에서 설명하였습니다.

자, 그렇게, "나는 『기타』를 읽는다"라고 한다면 그 이유는 무엇인가 하는 점입니다. 제가 소남에게 이렇게 말했습니다.

> 나는 불교를 보다 잘 이해하기 위해서 『기타』를 읽는 것이 아니다. 내가 해결해 나아가야 할 불교의 문제와 유사한, 혹은 동일한 문제들을 『기타』 역시 다루고 있기 때문에 함께 생각[共觀]하기 위해서다.

예를 들어보지요. 불교 안에는 선(禪)도 있고, 정토신앙도 있고, "옴 마니 반메 훔"을 염송하는 밀교도 있고, 보살행을 역설하는 『화엄경』도 있습니다. 우리 불교인들이 제일 힘들어하는 부분이 이것이지요. 과연 우리는 어떻게 해야 하는가? 선만 하는 것이 좋은가? 아니면 염불만 하는 것이 좋은가? 아니면 이것들을 함께 닦는 것이 좋은가? 함께 닦아야 한다면 그 양자(兩者), 혹은 삼자(三者) 사이의 관계는 어떻게 되는가? 이런 문제들은 우리가 고민하고 정리해야 할 절실한 문제입니다.

물론 그러한 고민에 대한 해결책은 불교 안에서도 이미 많이 제공되어 있습니다. 그렇지만 동시에 동일한 고민을 놓아두고 동일하게 해결하고자 노력한 하나의 실례/사례가 『기타』 안에도 있습니다. 자, 이미 불교 안에서 이루어진 해결의 노력이 있는 만큼 굳이 『기타』 안에서의 사례까지 살펴보지 않아도 된다고 생각할 수도 있지요. 그러나 저는 그렇게 생각하지 않고 『기타』 안에서 이루어진 논의들까지 함께 살펴보는 것이 더욱 바람직하다고 봅니다. 아니지요. 『기타』만이 아니라 그러한 논의들이 이루어지고 있는 다른 사례들까지 모을 수 있다면 다 모아서 "함께 생각"하는 것이 필요하다는 입장입니다.

구체적인 예를 들어보지요. 위에서 문제로 삼은 수행방법론의 선택문제는 우선은 교판(敎判, 가르침의 우열을 판가름하는 것)과 회통(會通, 서로 다른 가르침들이 통할 수 있다고 보는 것) 중에서 어느 입장을 취하는가 하는 문제가 됩니다. 그 중에서 『기타』는 회통의 입장을 선택한다고 저는 봅니다. 그러면 불교 안의 회통론, 『기타』의 회통론 그리고 서양에서 일어난 종교학에서 다루고 있는 종교다원주의(religious pluralism)까지 함께 논의해보자는 것입니다. 그렇게 하는 것이 저는 필요하다고 봅니다. 그래서 저는 점점 논문 쓰기가 힘들어지고, 독자들은 점점 제 논문을 읽기가 어려워지는 것인지도 알 수 없습니다. 그렇지만 그렇게 할 때 우리는 불교와 과학, 동양과 서양의 통합이라는 미래 문명에의 비전을 제시할 수 있으리라 봅니다.

『기타』는 700송밖에 안 되는 작은 책이라 할 수 있지만, 위에서 말씀드린 것처럼 실로 불교적 사유와 상관하면서 함께 생각할 수 있는 주제들이 정말 많습니다. 그 중에는 불교적 입장으로부터 비판받아야 할 것도 많지요. 물론, 나는 그러한 부분들에 대해서는 엄격한 비판을 가하자는 입장입니다. 이에 대해서는 앞서 말씀드린 바 있습니다만, 그런 부분들은 『기타』가 놓여있는 성립사적 배경과 결부되어 있습니다. 즉 『기타』의 컨텍스트(context, 특수성)이라고 할 수 있습니다. 그것은 우리의 컨텍스트에는 맞지 않으므로, 그것을 우리의 컨텍스트에 비춰보아서 비판하여 배제해야 한다고 나는 봅니다. 그러면 남는 부분이 있습니다. 그것은 우리에게도 역시 타당한 이야기일 것입니다. 이렇게 우리에게도 남는 부분을 저는 컨텍스트가 갖는 시간성과 공간성을 넘어선 텍스트(text, 보편성)로서 받아들입니다.

Ⅱ.

10년이 넘게 『기타』를 강의해오고 있는데요. 여기 일본에 와서, 그 전보다 좀더 새롭게 볼 수 있게 된 부분이 많습니다. 『기타』 3 : 9에 "제사를 목적으로 하는 행위 외에는 속박되어 있다"는 말이 있습니다. 여기서 문제는 "제사를 목적으로 하는 행위"가 뭐냐 하는 것입니다. 일반적으로 지금까지 많은 해석자들은 "제사를 지낼 때와 같은 경건한 마음을 갖고서 하는 행위"라는 의미로 이해해 왔습니다. 저도 그렇게 강의를 해왔습니다. 그런데 어느 날 저는 그게 아니라는 생각을 하게 되었습니다. "제사를 목적으로 하는 행위"는 "제사를 목적으로 하는 제사"입니다. 제사와 행위는 카르마(karma)로서, 동의어로 쓰인 일이 아주 많습니다. 제사를 목적으로 하는 제사? 이게 무슨 말인가? 제사의 목적은 제사밖에 없다는 것입니다. 자기 목적 이외에 목적을 갖지 않는 제사입니다. 인도철학 중에서 제사에 대한 해석학파가 미망사(Mīmāṃsā) 학파입니다. 그 미망사 학파에서는 이렇게 말하지요. "하늘에 태어나기를 바라는 자는 제사를 드려야 한다." 정확히 『기타』는 미망사학파와 정반대의 입장을 취하고 있습니다.

미망사의 제사에서는 그 목적이 제사밖에 존재하지요. 하늘입니다. 천국입니다. 그런데 이제 『기타』는 혁명 같은 소리를 한 것입니다. "제사를 목적으로 하는 제사 외에는 모두 속박되어 있다"는 것입니다. 그렇습니다. 우리는 어떤 행위든지 지금 그 행위를 목적으로 하지 못하고, 그 행위밖에 다른 행위를 목적으로 설정합니다. 그러면 지금 하는 그 행위는 수단이 됩니다. 그리고 언제나 목적은 미래에 있고, 미래는 현재가 아니므로 결코 목적은 성취되지 못하고 ……. 그래서 우리는 늘 불행하지요. 늘 행복할 수 없는 사고구조를 갖고 있는 것입니다. 아, 저는 깨닫게 되었습니다. "구함이 없는 것이야말로 이 세상에서 가장 위대한 종교이다"라고 말입니다. 구하지 않는 것! 『금강경』의 무주상(無住相)이나 『이입사행론(二入四行論)』의 무소구행(無所求行) 역시 같은 생각을 하고 있는 것 아닙니까.

이 이야기는 우리들에게 엄청난 문제들을 제공하고 있습니다. 예를 들면, 우리가 관세음보살을 염불할 때 어떻게 염불하고 있습니까? 『법화경 관세음보살보문품』을 보면, 우리가 어떤 어려움을 당할 때 그것을 벗어나기 위해서 일심으로 관세음보살의 이름을 부르라(稱名)고 했습니다. 이때 칭명하는 행위는 그 자체가 목적이 아니라 그 밖에 목적을 갖고 있는 일이 됩니다. 자기 목적이 아닙니다. 만약 관세음보살을 자기 목적으로 염송하면 그것은 어떻게 됩니까? 염불하는 그 행위밖에 어떠한 목적/염(念)/소구소원(所求所願)도 있을 수 없게 되지요. 그런 염불은 이미 선(禪)이라고 보아야 할 것입니다. 일본 정토종에서는 왕생을 목적으로 하는 염불을 말합니다. 그렇다면, 염불은 수단이 됩니다. 정히, 지금 제가 말하는 문제점에 떨어지게 됩니다. 그러나 염불 그 자체가 목적이 되면 어떻게 될까요? 염불하는 순간이 왕생하는 순간이며, 부처가 되는 순간입니다.

이 점에서 보면, 좌선 그 자체를 목적으로 삼는 일본 조동종의 도겐(道元, 1200~1253) 선사는 정히 지금 저의 논리에 부합합니다. 1분 좌선하면 1분 부처라고 말하거든요. 마찬가지 맥락에서 만약 화두를 수단으로 인식하게 되면, 간화선 역시 문제가 있을 수 있게 됩니다. 따라서 「무자(無字)의 열 가지 병」 중에 가장 근본적인 병은 "어리석음으로 깨달음을 기다리는 것이라"고 말하는 것 아닙니까. 화두를 수단으로 삼아서 깨달음을 구하지 말라는 것입니다. 화두를 수단으로 삼는다면, 화두와 혼연일체가 될 수도 없게 될 것입니다.

저는 이렇게 "제사를 목적으로 하는 행위"를 재해석함으로부터, 매우 행복해졌습니다. 이제 구함이 없어졌기 때문이고, 모든 행위들이 다 그 자체가 목적이 되었습니다. 예를 들면, 이제 건강하기 위해서 운동하지 않고 운동 그 자체가 목적이 되므로 그 자체가 즐겁게 된 것입니다. 자취생활에서의 취사 행위가 수단이 아니라 그 자체가 즐거움이 된 것이지요.

그런데 말입니다. 『기타』에는 관세음보살보문품에서 중생이 관음을 믿고 관음에게 모든 것을 다 바쳐서 구원을 얻는다는 이야기와 같은 신앙형태도 나옵니다. 그러한 믿음을 박티(bhakti)라고 하는데요. 선과 같은 지혜의 길, 보살행과 같은 행위의 길 그리고 믿음의 길 등이 다 존재합니다. 그러면서 서로 관계를 맺어가는 것이지요. 이 『기타』 안에서는 말입니다.

우리 불교 경전 중에서, 분량이 그렇게 많지 않고 『기타』와 같이 다양한 이야기들을 다 끌어안고 있으면서 끊임없이 해석의 여지를 제공하는 텍스트가 어떤 것이 있을까? 우선 『금강경』을 생각해 볼 수 있는데, 문제는 『금강경』에는 박티가 없다는 것이지요. 같은 회통론의 입장에 서있는 『천수경』의 경우가 생각났습니다만, 조금 문제가 되는 것이 역시 박티라는 측면인데요. 『천수경』의 관음신앙은 『법화경』적 관음신앙이 아니라고 판단됩니다. 화엄

경적 관음신앙이고, 선적인 관음신앙입니다. 그런 점에서 또 맞아떨어지는 것은 아니지요. 박티적 믿음이 아니기 때문입니다. 굳이 하나의 경전 속에서 그 모든 것을 대비할 수 있는 것을 찾을 이유는 사실 없습니다만…….

이제 제가 숙제로 안고 있는 것 중의 하나가, "어떻게 믿음의 길을 근거로 해서 행위가 나올 수 있는가"하는 점입니다. 종래에 인도철학사에서는 지혜와 행위의 회통(jñāna-karma-samuccaya)은 문제삼아 왔습니다만, 믿음과 행위의 회통(bhakti-karma-samuccaya)은 잘 논의되지 못해 왔습니다. 전자에 해당하는 산스크리트 술어는 있었지만, 후자에 해당하는 것은 과문 탓인지는 몰라도 없었던 것 같습니다. 그래서 제가 새롭게 조어(造語)해 보았습니다. 요즘 생각으로는 믿음과 행위의 회통 속에서 진정한 비폭력을 볼 수 있는 것이 아닐까, 하는 것입니다. 그런데 아직 이러한 문제에 대해서는 구상뿐 손도 못 대고 있습니다.

이렇게 끝없이 문제들이 솟아 나오기 때문에 저는 아직 『기타』로부터 헤어나지 못하고 있는 것인지도 모릅니다.

2003년 6월 15일

교토

✲ 후기 : 그 동안 진행해 왔던 『천수경』에 대한 연구는 『천수경의 새로운 연구』(민족사, 2006)로 일단락 지었습니다.

부록

| 참고 문헌 |

| 찾아 보기 |

| 『바가바드기타』와 관련한 저자의 논문 목록 1992~2014 |

| 참고 문헌 |

1. 서양 언어

A. G. Krishna Warrier 1983, *Śrīmad Bhagavad Gītā Bhāṣya of Sri Saṃkarācārya.* Chennai : Sri Ramakrishna Math.

A. Kuppuswami 1983. *Bhagavad-Gītā.* Varanasi : Chaukhambha Orientalia.

A. N. Pandey 1988. "Foreword"; G. R. Pandey 1998. *Śaṅkara's Interpretation of the Upaniṣads.* Delhi : S. N. Publications.

A. Swingewood 1994. *A short History of Sociological Thought.* ; 박성수 역, 『사회사상사』. 서울 : 문예출판사.

D. V. Tahmankar 1956, *Lokamanya Tilak : Father of Indian Unrest and Maker of Modern India.* London : John Murray.

B. G. Tilak 2000. *Śrīmad Bhagavadgītā-Rahasya.* Poona : Kesari Press.

D. C. Hoy 1988. *The Critical Circle : Literature and History in Contemporary Hermeneutics.* ; 이경순 옮김, 『해석학과 문학비평』. 서울 : 문학과 지성사.

G. R. Pandey 1998. *Śaṅkara's Interpretation of the Upaniṣads.* Delhi : S.N.Publications.

G. V. Saroja 1985. *Tilak and Sankara on the Gita.* New Delhi : Sterling Publishers.

I. C. Sharma 1963, *Ethical Philosophies of India.* Lincoln : Johnsen

Publishing Company.

Iwao Shima 1990. "Śaṅkara's Interpretation of the Bhagavadgītā", *Journal of Indian and Buddhist Studies* 39-1. 東京：日本印度學佛教學會.

J. R. Gardner 1998. *The Developing Terminology for the Self in Vedic India.* Iowa：The University of Iowa.

K. Potter 1981. *Advaita Vedanta up to Śaṃkara and his Pupil.* New Jersey：Princeton University Press.

K. S. Murty 1993. *Vedic Hermeneutics.* Delhi：Motilal Banarsidass.

M. M. Deshpande 1995, "Preface", S.P. Agarwal, *The Social Message of the Gita.* Delhi：Motilal Banarsidass.

M. R. Sampatkumaran 1985. *The Gītābhāṣya of Rāmānuja.* Bombay：Ananthacharya Indological Research Institute.

P. M. Thomas 1987. *20th Century Indian Interpretation of Bhagavadgītā; Tilak, Gandhi and Aurobindo.* Bangalore：The Christian Institute for the Study of Religion and Society.

R. C. Zaehner 1973. *The Bhagavad-Gītā.* London：Oxford University Press.

R. E. Palmer 1998. *Hermeneutics*；이한우 옮김, 『해석학이란 무엇인가』. 서울：문예출판사.

R. N. Minor 1982. *Bhagavadgītā, An Exegetical Commentary.* New Delhi：Heritage Publishers.

_________ 1991. *Modern Interpreters of the Bhagavadgītā.* Delhi：Sri Satguru Publishers.

R. Panikkar 1992. *The Interreligious Dialogue*：김승철 옮김, 『종교간의 대화』. 서울：서광사.

R. Puligandla 1991. *Fundamentals of Indian Philosophy.* 이지수 옮김, 『인도

철학』. 서울 : 민족사.

R. S. Betai 2002. *Gītā and Gandhiji.* New Delhi : National Gandhi Museum.

R. W. Stevenson 1991. "Tilak and Bhagavadgītā's Doctrine of Karmayoga"; R. N. Minor ed. *Modern Indian Interpreters of the Bhagavadgita.* Delhi : Sri Satguru Publications.

S. Adidevānanda. *Śrī Rāmānuja Gītā Bhāṣya.* Madras : Sri Ramakrishna Math.

S. Anand 1985. "The Opening Verses of the Gītā" *Annals BORI*, LXVI. Poona : Bandhakar Oriental Research Institute.

S. Gambhīrānanda 1984. *Bhagavadgītā.* Calcutta : Advaita Ashrama.

S. P. Agarwal 1997. *The Social Role of the Gita : How & Why.* Delhi : Motilal Banarsidass.

__________ 2000. *The Gītā and Tulasī-Rāmāyaṇa ; Their Common Call for the Good of All.* Columbia : Urmila Agarwal.

S. Radhakrishnan 1976, *The Bhagavadgītā.* London : George Allen & Unwin Ltd..

____________ 1960. *The Philosophy of Spiritual Life.* London : George Allen & Unwin Ltd.

S. Tapasyānanda, "Introduction to Śrī Rāmānuja's Gītā-Bhāṣya" ; S. Ādidevānanda, *Śrī Rāmānuja's Gītā-Bhāṣya.* Madras ; Sri Ramakrishna Math.

T. G. Mainkar 1969. *A Comparative Study of the Commentaries on the Bhagavadgītā.* Delhi : Motilal Banarsidass.

V. S. Apte 1998, *The Practical Sanskrit-English Dictionary.* Kyoto : Rinsen Book Co..

2. 동양 언어

高木健翁 1996.「シャンカラ著バガヴァッド・ギーター註におけるniṣṭhāについて」,『印度學佛教學研究』45-1. 東京 : 日本印度學佛教學會.

關戶法夫 1995.「バガヴァッド・ギーターの折衷性について」,『宗教研究』68-4. 東京 : 日本宗教學會.

길희성 1988a.『바가바드기타』. 서울 : 현음사.

길희성 1988b.「민중불교, 선 그리고 사회윤리적 관심」,『종교연구』제4호. 서울 : 한국종교학회.

김호성 1991.「보조선의 사회윤리적 관심」,『동서철학연구』제8호. 대전 : 한국동서철학연구회.

______ 1992.「바가바드기타에 나타난 카르마요가의 윤리적 조명」,『인도철학』제2집. 서울 : 인도철학회.

______ 1998a.「'저자의 부재'와 불교해석학」,『불교학보』제35집. 서울 : 동국대 불교문화연구원.

______ 1998b.「전통적 불교학의 방법론에 나타난 현대적 성격」,『가산학보』제7호. 서울 : 가산학회.

______ 1999.「바가바드기타와 구라단두경의 입장에서 본 조선불교유신론의 의례관」,『불교학보』제36집. 서울 : 동국대 불교문화연구원.

______ 2000a,「바가바드기타의 윤리적 입장에 대한 비판적 고찰」,『종교연구』제19집. 서울 : 한국종교학회.

______ 2000b,「이샤 우파니샤드에 대한 샹카라와 오로빈도의 해석 비교」,『인도철학』제10집. 서울 : 인도철학회.

______ 2002a.『대승경전과 禪』, 서울 : 민족사.

——— 2002b.「미망사와 불교의 비교해석학」,『한국종교사연구』 제10집. 익산 : 한국종교사학회.

——— 2003.「Arjunaの懷疑に見られる意味」,『印度學佛敎學硏究』 52-1. 東京 : 日本印度學佛敎學會.

——— 2004a.「바가바드기타를 읽는 틸락의 분석적 독서법」,『종교연구』 제35집. 서울 : 한국종교학회.

——— 2004b.「바가바드기타를 읽는 샹카라의 호교론적 해석학」,『인도철학』 제17집. 서울 : 인도철학회.

——— 2005a.「바가바드기타를 읽는 간디의 다원적 독서법」,『인도연구』 제10권 2호. 서울 : 한국인도학회.

——— 2006a.「아르주나의 회의와 그 불교적 의미」,『종교연구』 제42집. 서울 : 한국종교학회.

——— 2006b,「기타에 대한 샹카라의 주제 파악과 틸락의 비판」,『인도철학』 제20집. 서울 : 인도철학회.

——— 2006c.「바가바드기타에 보이는 지혜와 행위의 관련성」,『인도연구』 제11권 2호. 서울 : 한국인도학회.

——— 2007a.「바가바드기타에 대한 틸락의 행동주의적 해석」,『인도철학』 제22집. 서울 : 인도철학회.

——— 2007b.「바가바드기타에 보이는 믿음과 행위의 관련성」,『남아시아연구』 제13권 1호. 서울 : 한국외국어대학교 남아시아연구소.

——— 2009.『불교해석학 연구』. 서울 : 민족사.

——— 2010.「비베카난다의 붓다관에 대한 비평」,『인도철학』 제29집. 서울 : 인도철학회.

——— 2011.『일본불교의 빛과 그림자』. 서울 : 정우서적.

——— 2014a.『경허의 얼굴』. 서울 : 불교시대사.

______ 2014b.「샹카라의 지행회통(知行會通) 비판에 대한 고찰」,『인도철학』제41집. 서울 : 인도철학회.

德永宗雄 2002.「平安の巻と水供養(udakakriyā)」,『東方學』第104輯. 東京 : 東方學會.

마에다 센가쿠 2005. 강종원 옮김,『웨단따철학』. 서울 : 동국대학교출판부.

木村文輝 1998,「ギーター解釋の歷史とヒンドゥー思想の變遷」,『宗教硏究』71-4. 東京 : 日本宗教學會.

박이문 1996.『자비의 윤리학』. 서울 : 철학과현실사.

박효엽 2004.「샹까라와 수레슈와라에 있어서 '연속과 불연속의 방법(anvayavyatireka-nyāya)'」,『인도철학』제17집. 서울 : 인도철학회.

______ 2008.「파피용과 힌두철학」,『인도철학』제24집. 서울 : 인도철학.

______ 2012.「『브라흐마 수트라 주석』과 논증의 인도적인 고유성」,『인도철학』제36집. 서울 : 인도철학회.

松尾剛次 2005, 김호성 옮김,『인물로 보는 일본불교사』. 서울 : 동국대 출판부.

原 實,「Bhagavadgītā硏究ノート」,『인도사상사연구』제10호. 京都 : 京都大學大學院文學硏究科インド哲學史硏究室.

원의범 1981.『인도철학사상』. 서울 : 집문당.

元曉 1979.「大慧度經宗要」,『한국불교전서』제1책. 서울 : 동국대학교 출판부.

이거룡 2010.「바가바드기타(Bhagavadgītā)의 보편성」,『인도철학』제29집. 서울 : 인도철학회.

李榮洙,「シャンカラにおけるバクティの概念」,『インド哲學佛教學硏究』4. 東京 : 東京大學.

이재숙 2001.「인도 대서사시(Great Epic)의 종교문학적 성격」,『종교연구』 제22집. 서울 : 한국종교학회.

이지수 1998.「인도철학의 논리적 성격과 실천적 전통」,『철학사와 철학』. 서울 : 한국철학회.

정승석 1998.「힌두사상의 정신진화론」,『문화의 진보에 대한 철학적 성찰』.

湯田 豊 1996.「バガヴァッド・ギーターの中心的なメッセージ」,『勝呂信靜博士古稀記念論文集』. 東京 : 山喜房佛書林.

______ 1992.『バラモンの精神界』. 東京 : 鈴木出版社.

| 찾아 보기 |

ㅎ

|『바가바드기타』와 관련한 저자의 논문 목록 1992~2014 |

1 「바가바드기타의 카르마요가에 대한 윤리적 조명」,『인도철학』 제2집(인도철학회, 1992), pp. 127~147.→ 수정 증보 개제(改題)하여 「바가바드기타의 카르마요가와 불교 윤리」,『바가바드기타 연구』(私刊板), pp. 1~31. 재수록.

2 「바가바드기타의 제사관 - 불교의례의 재검토를 위한 정초로서 -」,『인도철학』 제4집(인도철학회, 1994), pp. 139~159.

3 「바가바드기타와 구라단두경의 입장에서 본 조선불교유신론의 의례관」,『불교학보』 제36집(동국대 불교문화연구원, 1999), pp. 197~223.

4 「바가바드기타의 윤리적 입장에 대한 비판적 고찰」,『종교연구』 제19집(한국종교학회, 2000), pp. 83~103.

5 「힌두교 전통에 비춰본 불교의 효(孝) 문제」,『인도철학』 제11집 1호(인도철학회, 2001), pp. 67~94. → 수정 보완하고, 「불교화된 효 담론의 해체」로 개제하여 『불연록(佛緣錄)』. 여래장, 2010, pp. 529~548. 재수록. → 「佛教化された孝の談論の解體」,『高知大學學術研究報告』 第62卷(高知大學, 2013), pp. 207~218. 재수록.

6 「バガヴァッド・ギーターと大乘涅槃經における暴力/戰爭の正當化問題」,『韓國佛教學 Seminar』 第9號(韓國留學生印度學佛教學研究會, 2002), pp. 149~166.

7 「Arjunaの懷疑に見られる意味」,『印度學佛教學研究』 제52권 1호(일본인도학불교학회, 2003), pp. 465~470.

8 「'정의의 전쟁'론은 정의로운가」, 『동서철학연구』 제28집(한국동서철학회, 2003), pp. 5~35.

* 위의 6번 논문이 편집실수로 중간에 잘리게 되어서, 다시 발표할 필요가 있었다. 이에 한국어로 번역하고, 개제하여 다시 발표함.

9 「바가바드기타를 읽는 틸락의 분석적 독서법」, 『종교연구』 제35집(한국종교학회, 2004), pp. 195~224. → 이 책의 두 번째 논문.

10 「바가바드기타를 읽는 샹카라의 호교론적 해석학」, 『인도철학』 제17집(인도철학회, 2004), pp. 155~182. → 이 책의 첫 번째 논문.

11 「바가바드기타를 읽는 간디의 다원적 독서법」, 『인도연구』 제10권 2호(한국인도학회, 2005), pp. 179~213. → 「여러 가지 독서법에 의지한 해석의 사례 - 간디의 『바가바드기타』 읽기를 중심으로 -」로 개제하여, 『불교해석학연구』(민족사, 2009), pp. 143~180. 재수록.

12 「기타에 대한 샹카라의 주제 파악과 틸락의 비판」, 『인도철학』 제20집(인도철학회, 2006), pp. 153~190. → 이 책의 세 번째 논문.

13 「아르주나의 회의와 그 불교적 의미」, 『종교연구』 제42집(한국종교학회, 2006), pp. 103~126.

14 「바가바드기타와 관련해서 본 한암의 염불참선무이론」, 『한암사상연구』 제1집(한암사상연구원, 2006), pp. 55~147.

15 「바가바드기타에 보이는 지혜와 행위의 관련성 - 간디의 sthitaprajña 개념을 중심으로 -」, 『인도연구』 제11권 2호(한국인도학회, 2006), pp. 99~143.

16 「바가바드기타에 대한 틸락의 행동주의적 해석」, 『인도철학』 제22집(인도철학회, 2007), pp. 275~311. → 이 책의 다섯 번째 논문.

17 「바가바드기타에 보이는 믿음과 행위의 관련성」, 『남아시아연구』 제13권 1호(한국외국어대학교 남아시아연구소, 2007), pp. 73~99.

18 「두 유형의 출가와 그 정치적 함의」, 『인도철학』 제26호(인도철학회, 2009), pp. 5~45.

19 「근대 인도의 '노동의 철학(karma-yoga)'과 근대 한국불교의 선농일치(禪農一致) 사상 비교」, 『남아시아연구』 제17권 1호(한국외국어대학교 남아시아연구소, 2011), pp. 97~132.

20 「바가바드기타 제12장의 난문(難文)에 대한 이해 - 9~12송을 중심으로 -」, 『인도철학』 제35집(인도철학회, 2012), pp. 73~114.

21 「샹카라의 지행회통(知行會通) 비판에 대한 고찰을 중심으로」, 『인도철학』제41집(인도철학회, 2014), pp. 191~224. → 이 책의 네 번째 논문.

김호성 | 金浩星 | Kim, Ho Sung
karuna33@dgu.edu

동국대학교 불교대학 인도철학과 학사 · 석사 · 박사 과정을 밟았다. 1997년 9월 이후 동국대 대학원 인도철학과 교수 및 불교학부 교수로 후학을 양성하고 있다. 일본 북교(佛教)대학(2002. 9.~2003. 2.)과 고치(高知)대학(2013. 4.~9.)에서 연구를 하였다. 1989년부터 인도철학과 불교학에 걸쳐서 80여 편의 논문을 냈다. 그 중에서 불교관련 논문들은 더러 주제별로 묶어서 학술서적으로 펴냈다. 『대승경전과 禪』, 『천수경의 새로운 연구』, 『불교해석학연구』, 『경허의 얼굴』 등이 그것이다. 그 밖에 『배낭에 담아온 인도』, 『왜 인도에서 불교는 멸망했는가』와 같은 책들을 짓거나 옮겼다.

바가바드기타의 철학적 이해
A Philosophical Comprehension on the Bhagavadgītā

1판 1쇄 2015년 5월 20일

지은이 김호성

펴낸이 오종욱
펴낸곳 올리브그린
서울특별시 종로구 삼일대로32길 49-4번지 4층
olivegreen_p@naver.com
전화 070-6238-8991 / 팩스 0505-116-8991
ISBN 978-89-98938-13-0 93110

값 25,000원